HISTOIRE

DES

ARCHERS, ARBALÉTRIERS

ET

ARQUEBUSIERS

DE LA

VILLE DE REIMS

PAR

Édouard DE BARTHÉLEMY

MEMBRE TITULAIRE DU COMITÉ DES TRAVAUX HISTORIQUES PRÈS
MINISTÈRE DE L'INSTRUCTION PUBLIQUE.

REIMS

PAUL GIRET, LIBRAIRE DE L'ACADÉMIE, ÉDITEUR

—

1873.

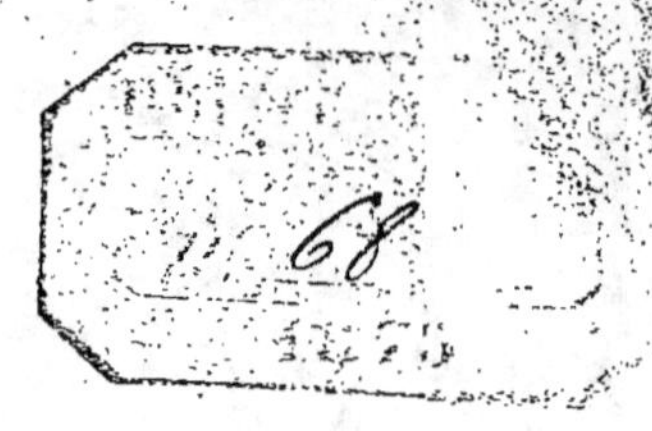

HISTOIRE

DES

ARCHERS, ARBALÉTRIERS ET ARQUEBUSIERS

DE LA VILLE DE REIMS

HISTOIRE

DES

ARCHERS, ARBALÉTRIERS

ET

ARQUEBUSIERS

DE LA

VILLE DE REIMS

PAR

Edouard DE BARTHÉLEMY

MEMBRE TITULAIRE DU COMITÉ DES TRAVAUX HISTORIQUES PRÈS LE
MINISTÈRE DE L'INSTRUCTION PUBLIQUE.

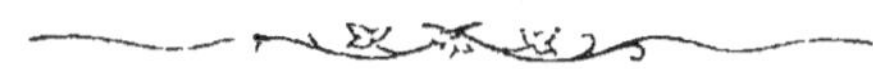

REIMS

PAUL GIRET, LIBRAIRE DE L'ACADÉMIE, ÉDITEUR.

—

1873.

DE L'INSTITUTION

DES

COMPAGNIES DE L'ARC

ET DE

L'ARQUEBUSE.

L'institution des compagnies d'Arquebusiers et de chevaliers de l'Arc se rattache évidemment au mouvement municipal qui se fit sentir en France au moment des guerres qui signalèrent le quatorzième siècle[1]. Le besoin de résister à l'ennemi et aux grandes bandes de soudarts ne permit à personne de rester oisif ; des compagnies d'Arbalétriers s'organisèrent spontanément à Rouen,

[1] Ce travail a obtenu une médaille d'argent de première classe au concours de l'Académie impériale de Reims, en 1868.

en 1347, à Caen, en 1358, à Paris, en 1359, à Laon, en 1367, à Compiègne, en 1368. Charles V, en 1367, avait spécialement recommandé aux bourgeois de s'exercer au tir de l'arc ou de l'arbalète, et une ordonnance du 23 mai 1368, proscrivant les jeux inutiles, porte : « Voulons et ordonnons » que nos dits sujets prennent et entendent à » prendre leurs jeux et ébattements à eulx exercer » et habileter au fait du trait d'arc ou d'arba- » lestre, ès beaux lieux et places convenables à ce, » ès villes, terrouers et facent leurs dons aux » mieulx traïants. » La bourgeoisie et le peuple répondirent avec un tel empressement à cet appel qui les grandissait singulièrement et mettait en quelque sorte le salut de la monarchie en certains cas entre leurs mains, que la noblesse s'en émut, et Juvénal des Ursins s'est rendu l'interprète de ces craintes qui eurent pour effet de réglementer la matière et de diminuer le nombre de ces hardis volontaires. C'est alors qu'on régularisa l'organisation des compagnies par ville, avec un effectif limité, un capitaine nommé par le roi ou élu le

plus souvent par les confrères, et avec des priviléges spéciaux, des exemptions d'impôt. Ils devaient en temps de paix s'exercer au maniement des
armes pour être prêts à marcher à la première ré-
quisition du roi. Ils étaient tenus aussi de veiller
à la défense de leur ville ; en outre le roi pouvait
les appeler à l'armée dans toute l'étendue de son
royaume et les garder sous les armes tout le temps
qu'il voudrait, en leur accordant une solde qui
leur était payée sur les montres que leur déli-
vraient les maréchaux de France et le grand-
maître des Arbalétriers.

Ces compagnies aidèrent puissamment à délivrer la France de l'Anglais, sous Charles V et
sous Charles VII. Ces compagnies furent en partie
la transformation des anciennes milices bourgeoises.

Nous avons vu que chaque ville ou village
devait fournir un certain nombre de sergents.
Quand le moment de rassembler le contingent était
arrivé, on choisissait les hommes de bonne volonté, on les défrayait et on les payait au moyen

d'une taxe mise sur les autres habitants. Telle fut l'origine des corporations d'archers et d'arbalétriers. Sous le coup d'être appelés à servir, ils s'exercèrent au maniement des armes et firent d'excellents soldats.

La royauté, témoin de l'autorité qu'on pouvait retirer de ces bourgeois ainsi exercés, les organisa en confréries, leur accorda des priviléges et les mit sous sa protection et sa surveillance, car ces assemblées auraient pu devenir dangereuses.

Ces compagnies formaient l'élite des milices bourgeoises et elles rendirent de grands services à la royauté. Nous les voyons souvent figurer dans des expéditions militaires très-éloignées de leurs résidences. Les Arbalétriers de Châlons-sur-Marne, par exemple, figurent, en 1376, au siége de Saint-Sauveur-le-Vicomte, en Normandie, et. en 1437, à celui de Montereau, sous les ordres directs du roi; en 1415, ceux d'Amiens furent mandés au siége de Rouen; en 1387, les Arbalétriers de différentes villes furent convoqués à Harfleur pour s'embarquer et faire une descente

en Angleterre. L'expédition n'eut pas lieu et les
Arbalétriers revinrent dans leurs foyers après
avoir coûté aux municipalités des sommes assez
considérables, car toutes les dépenses matérielles
étaient à la charge de celles-ci.

Les compagnies constituaient véritablement
une infanterie nationale : les hommes qui les
composaient recevaient une solde et devaient au
souverain un service, sans se tenir dans les limites
stipulées par les chartes communales pour les
milices : on pouvait les garder sous les armes
tant que cela était nécessaire ; elles étaient sous la
haute direction du grand-maître des Arbalétriers,
passaient des montres ou revues ; en un mot,
elles n'avaient rien de commun avec les milices
communales que l'origine, et elles se recrutaient
dans la meilleure bourgeoisie.

L'établissement d'une armée permanente sous
Charles VII ne nuisit pas à l'institution de ces
compagnies ; elles rendirent au contraire les
plus grands services durant le XVe siècle ; elles
figurèrent à Azincourt. Leur fidélité ne fut pas

moins honorable pendant la Ligue et pendant la Fronde.

Nous avons vu qu'une compagnie d'Arbalétriers fut instituée à Caen au mois d'octobre 1358 ; elle compta d'abord cinquante hommes. Celle de Paris était forte de deux cents, divisés en quatre bandes, sous la bannière de Saint-Denis. Il en existait une à Châlons-sur-Marne en 1357. Nous noterons ensuite la compagnie de Lagny-sur-Marne (juillet 1367), forte de dix-sept hommes ; de Laon, de vingt-cinq hommes, qui venait de se signaler aux siéges de Rancy et de Sissonne (août); de Compiègne, de vingt compagnons (septembre 1368); de la Rochelle (août 1373) ; de la Bassée, près de Lille (1389); de Neufchâteau (août 1390); de Mantes (novembre 1411); de Waurin (février 1412); de Laval, de Sézanne, de Tournay, d'Euregnier, bourg voisin de cette ville, de Nevers.

Nous ne prolongerons pas cette énumération, qui suffit pour montrer que les bourgeois rémois furent des premiers à prendre leur part dans le grand mouvement militaire des municipalités.

Nous ferons remarquer que ces compagnies sont toutes antérieures aux dates que nous donnons : ces dates se rapportent seulement aux lettres patentes de confirmation royale, mais les compagnies s'étaient d'ordinaire constituées spontanément bien auparavant.

L'usage de l'arquebuse devint général au commencement du seizième siècle, et des compagnies d'Arquebusiers s'organisèrent, à l'instar de celles d'Arbalétriers, dans la plupart des villes ; elles eurent le même caractère semi-militaire et semi-bourgeois ; elles eurent promptement aussi leurs brillants états de services ; il serait long de raconter les actions de guerre de diverses compagnies d'Arquebusiers bourguignons aux XVIe et XVIIe siècles[1]. Le gouvernement stimulait de toutes

[1] Les plus anciennes compagnies d'Arquebusiers ne remontent pas au-delà des premières années du règne de François Ier : la première pour laquelle nous ayons une date certaine est celle de Chaumont en Bassigny, de 1520 ; celle de Paris est de 1523 ; celle de Dijon de 1525.

ses forces ce mouvement, trouvant à la fois dans
l'institution de ces associations un moyen de
défense considérable et une occupation salutaire
pour la jeunesse. Toutes les lettres-patentes
accordées à ces compagnies énoncent ce double
motif, comme dans celle-ci, concédée à la ville
d'Avallon, en 1609 : « ..... tant pour divertir
» les habitants de l'oisiveté, débauches et jeux
» dissolus, qu'aussi avec la récréation qu'ils y
» prendront acquérir l'expérience et assurance
» de s'aider des dites armes et fussent plus cer-
» tains pour nous servir en temps de guerre et
» de nécessité..... »

Dans la plupart des villes les compagnies d'Arbalétriers et d'Arquebusiers, et même d'archers,
existèrent simultanément ; s'ils marchaient d'accord contre l'ennemi, dans leurs villes ils vivaient
en mauvaise intelligence, se disputant sans cesse
pour des questions de prérogatives ou de préséance. Cette rivalité se manifesta notamment
quand les Arquebusiers prirent les titres de « Jeu
royal, » ou de « noble jeu, » ou de « noble et

gentil jeu, » possédés exclusivement jusqu'alors par les Arbalétriers. Nous en allons voir un curieux exemple à Reims même. Vers la fin du XVIIe siècle les compagnies d'Arbalétriers disparurent complètement et celles des Archers et des arbalétriers étaient partout fusionnées.

Dans notre province de Champagne, les compagnies étaient nombreuses et très-jalouses de leurs prérogatives, notamment de leur préséance par rapport aux milices bourgeoises. Une ordonnance du 26 janvier 1715 mit fin à ces fâcheux démêlés. Après un préambule ainsi conçu : « Et attendu que les compagnies des Arque
» busiers sont d'une institution très-ancienne,
» qu'elles sont composées de l'élite des bourgeois
» et habitants, et qu'elles sont proprement une
» école militaire pour instruire et former la jeu
» nesse à l'exercice des armes et la rendre ca
» pable de servir plus utilement dans les occasions
» de guerre, ce qu'elles ont souvent fait avec
» succès, » nous lisons :

» ART. 3. — Voulons que les Arquebusiers

» de toutes les villes du Gouvernement de » Champagne et de Brie ayent le pas et la pré- » séance sur la milice bourgeoise, qui sera tenue » de leur céder partout le poste d'honneur dans » toutes les occasions où les dits Arquebusiers » et la dite milice bourgeoise auront des ordres » et permissions de s'assembler. » Et l'article 4 prescrivait en outre de laisser un intervalle de six pas de distance entre les Arquebusiers et la milice. En Bourgogne, au contraire, une ordonnance du 21 novembre 1730, attribua la préséance à la milice bourgeoise sur les Arque-busiers.

Les statuts des compagnies se ressemblaient beaucoup entre eux : ils indiquaient les conditions imposées aux candidats, la composition des compa-gnies, les droits et les devoirs de leurs membres, la conduite que les officiers et les chevaliers devaient observer dans les cérémonies. Tous exigeaient la profession de la religion catholique et la pratique des bonnes mœurs.

Les exercices avaient ordinairement lieu le

dimanche. Chaque année au mois de mai on tirait l'oiseau de privilége, ou prix annuel. Le chevalier qui abattait l'oiseau une première fois, était proclamé roi de la corporation pour l'année ; s'il l'abattait deux ans de suite, il devenait connétable; trois ans de suite, il était dit empereur. Dans les deux premiers cas, il jouissait chaque année de l'exemption de toutes tailles, charges municipales et autres. Dans le troisième cas, il profitait de ces avantages pendant toute sa vie, et sa veuve après lui[1]. A l'approche du mois de mai, le roi de l'année, un des officiers et quatre chevaliers se rendaient chez le maire de la ville pour lui de-

[1] Lettres patentes du mois d'avril 1601 énumérant ces priviléges au profit de la compagnie de Dijon. Il paraît que plus anciennement les membres de la même compagnie ne portaient que le titre de compagnons. Le titre de chevalier était attribué à celui qui abattait l'aile droite de l'oiseau, le titre de baron à celui qui abattait l'aile gauche. Dès la moitié du XVIe siècle, le titre de chevalier appartint à tous les membres de ces confréries.

mander l'autorisation de « rendre le prix, » de fixer le jour et la permission de l'annoncer au public, annonce qui se faisait en grande cérémonie par les rues et carrefours. Au jour indiqué, qui était toujours un dimanche, la compagnie s'assemblait devant la demeure de son enseigne, de là allait prendre son lieutenant, puis le roi et enfin le maire auquel le roi présentait l'oiseau qui allait être tiré pour en constater la bonne fabrication. Le maire donnait son approbation, déléguait un échevin pour assister à la fête et laissait pleine liberté aux chevaliers. Au bout de quelque temps, le maire se rendait cérémonieusement au jeu de l'arquebuse et y était reçu avec pompe. On lui présentait une arme pour qu'il tirât le coup d'honneur auquel il avait droit, puis le tir continuait ; à la fin de la journée on signait le procès-verbal des coups et la compagnie prenait place à un banquet auquel assistait le maire. Le tir continuait un jour ou deux, et même plus, jusqu'à ce que l'oiseau fût abattu. Le vainqueur était alors mené en triomphe chez le maire qui lui remettait sa patente d'exemption, après lui avoir fait jurer qu'il avait agi loyalement et avoir pris les témoignages des assistants. Le vainqueur recevait ordinairement, en outre, une somme sur la caisse municipale, quelquefois une médaille. Dans certaines villes, les vainqueurs avaient des priviléges exceptionnels, comme de vendre sans avoir de taxes à payer un nombre fixé de tonneaux de vin, de céder ces droits à des cabaretiers, de jouir des mêmes avantages pour le sel, etc.

Chaque compagnie avait un uniforme, en général très-brillant; un étendard portant une devise particulière et les armes de la ville, une musique ou au moins des tambours; un hôtel ou pavillon avec un jardin « pour l'exercice », au bout duquel s'élevait une butte pour y poser la cible qui portait l'oiseau de bois et de fer blanc appelé papegai ou papegault. Le pavillon comprenait un rez-de-chaussée d'où l'on tirait à couvert, un vaste salon au premier étage, dans lequel on se tenait pour les assemblées et pour les festins, et qui était toujours richement décoré : autour des bâtiments étaient toutes les dépendances nécessaires.

Les grandes fêtes étaient celles où étaient convoquées toutes les compagnies d'une province, solennités qui n'avaient lieu que de loin en loin, deux ou trois fois par siècle, en vertu d'une permission spéciale du roi. Dans ce cas, la compagnie de la ville favorisée informait les compagnies de la province et même des provinces voisines et leur envoyait au bout de quelques jours des invitations renfermant le détail du concours et des conditions. Les prix se partageaient en prix proprement dits, au nombre d'une douzaine : prix des coups au noir, au nombre de quatre à six ; prix dits entremises, qui variaient de trente à soixante. Pour les deux premières catégories les prix consistaient en pièces d'orfévrerie et en sommes en or assez élevées ; ceux de la troisième, en sommes de 20 à 100 livres. Le maire de la ville organisait la fête et était juge des contestations du tir ; il distribuait les récompenses.

L'emplacement du tir devait être assez étendu

pour que chaque compagnie eût sa loge particulière. D'autres loges existaient pour les magistrats, pour les invités, pour les buvettes entretenues aux frais de la municipalité : une immense barrière que la foule ne devait point dépasser environnait l'enceinte. Le tout était décoré avec une grande magnificence.

La solennité avait lieu au mois d'août : elle durait de cinq à huit jours, pendant lesquels les fêtes se succédaient sans cesse dans la ville. Chaque compagnie était reçue avec le même cérémonial, conduite au logis qui lui avait été préparé, et on offrait à ses membres le vin d'honneur de la part des magistrats municipaux et des arquebusiers. Le jour de l'ouverture des prix, toutes les compagnies avec le maire assistaient à une messe du Saint-Esprit, suivie d'un banquet ; puis on se rendait sur le terrain dans le même ordre, précédé d'un groupe d'arquebusiers portant une cage dans laquelle étaient renfermés les prix. Quand tout le monde avait pris place, le maire tirait le coup d'honneur, suivi d'une triple salve de toutes les arquebuses. Puis on rentrait en ville ; le tir sérieux ne commençait que le lendemain. Chaque soir la cible était portée en cérémonie chez le maire où on venait la rechercher le lendemain. A la fin du concours, on se réunissait devant l'hôtel de ville pour la distribution des prix. Le maire donnait la grande médaille d'or, avec une couronne de lauriers au vainqueur du premier grand prix, lequel était reconduit triomphalement chez lui en voiture découverte ; il était ramené ensuite dans sa ville par un détachement de la compagnie qui avait rendu le prix, et c'était encore à cette occasion une succession de fêtes dans toutes les localités où l'on passait.

Le grand prix provincial ne pouvait se rendre ensuite que dans la ville de la compagnie dans les rangs de laquelle se trouvait le vainqueur.

La cible pour le grand prix avait trois pieds de hauteur ; le noir de cette cible avait huit pouces de diamètre ; la broche qui recevait l'oiseau, six lignes de diamètre et trois pouces de longueur.

Le coup de l'arquebuse qui portait sur la pointe de la broche gagnait trois lignes lorsqu'on mesurait les échantillons. On nommait échantillons l'action de mesurer la distance existant entre le trou formé par la balle de l'arquebuse et la broche fixée au milieu du noir de la cible. Lorsque les coups de la même volée étaient égaux, le coup le plus élevé avait la préférence sur le coup le moins élevé, et celui-ci avait la priorité sur le coup de droite de la même élévation, et le dernier avait la priorité sur le coup de gauche. La lutte était toujours longue et acharnée. A chaque coup sur le noir, les officiers de la compagnie qui rendait le prix allaient, précédés de leur musique, complimenter le tireur et sa compagnie, hommage que rendaient ensuite les autres compagnies.

I.

COMPAGNIE DU NOBLE JEU DE L'ARC

A REIMS.

Une compagnie du noble jeu de l'Arc se constitua de très-bonne heure à Reims. Les Arquebusiers rémois attachèrent toujours une grande importance à cette ancienneté, qu'ils exagéraient jusqu'à prétendre, dans le mémoire fourni par eux en 1715, à l'occasion de leur dispute de préséance avec la milice bourgeoise, « que leur compagnie est aussi ancienne que la » monarchie et qu'elle n'a fait que changer de » nom à mesure que l'usage des armes a changé ; » qu'au commencement c'étoit une compagnie » d'archers, ensuite une compagnie d'arbalétriers, » et qu'ainsi, lorsque l'usage de la poudre et de » l'arquebuse a été connu, elle a pris le nom de » compagnie d'Arquebusiers. »

Il est évident que le noble jeu de l'Arc ne devint en honneur à Reims qu'au milieu du XIVe siècle, comme dans toute la France; mais il est du moins vraisemblable que la Compagnie rémoise fut une des premières à s'organiser. Sans posséder à cet égard de documents précis, il nous est permis de former cette présomption avec quelque assurance, quand nous savons qu'une compagnie existait à Laon avant 1367 et une à Châlons dès 1357. Je crois même qu'à l'aide de ce dernier renseignement nous pouvons fixer la date à laquelle remonte l'association du jeu de l'Arc à Reims. Nous savons, en effet, que le roi Jean ayant été fait prisonnier des Anglais, les Rémois, malgré Jean de Craon, leur archevêque, demeurèrent inébranlablement attachés à la cause royale et par conséquent au dauphin régent. Ce prince, à l'occasion des Etats réunis à Vertus, après la rébellion d'Etienne Marcel, vint à Châlons et choisit pour sa garde un certain nombre de bourgeois de cette ville qui le servirent avec dévouement et qui formèrent le premier cadre de la compagnie de l'Arc ou de l'Arbalète. Nous savons d'autre part qu'un mois avant la malheureuse bataille de Poitiers, le roi avait fait appel aux communes afin de l'aider pour le siége de Breteuil, et qu'un détachement rémois s'y était rendu avec empressement. N'y aurait-il pas lieu de voir également dans ces braves volontaires le commencement de la compagnie de Reims? N'y peut-on pas voir encore une preuve dans le nom du Grand-Jeu de l'arc du Dauphin, donné à la plus ancienne association, celle qui paraît avoir tenu d'abord le premier rang et qui aurait choisi ou reçu cette dénomination en mémoire du dauphin régent, qui, par lettre du 30 décembre 1358, avait nommé Gaucher de Châtillon, capitaine de la ville, « au » commandement des gens d'armes et de pied, » archers et arbalestriers pour la tuicion, garde » et défense de la dicte ville et du pays d'envyron. »

Les termes de ce document établiraient même que, dès les premiers temps, il y eut une compagnie du « grand jeu de l'arc du dauphin » et une compagnie du « noble jeu de l'arbalète. » Une conclusion municipale du 14 mai 1491 établit nettement l'existence simultanée de deux associations, en même temps que leur parfaite égalité quant aux priviléges : « Doresnavant ceulx qui » abattront l'oyseau du grand jeu des arbalestriers » et du grand jeu des archiers aux jours qu'il se » joue, seront exempts pour l'année du guet et » de la garde, à moins de péril imminent, ou » quand le capitaine et le lieutenant iront en per- » sonne au guet et les manderont. » Les Archers tiraient, comme les Arbalétriers, au mois de mai, leur prix annuel. « P. Foulet et J. Colaret, » joueurs du grand jeu de l'Arc du Dauphin, lit- » on dans le registre du conseil de ville sous la » date du 11 mai 1495, ont affirmé que, le 3 du » dit mois, P. Matis, aussi compagnon du dit jeu, a » gagné l'oiseau qu'ils ont tiré ce jour-là sur la » Porte-Mars. Matis exempt du guet pour l'année.»

Plus tard la compagnie de l'Arc est aussi désignée par le surnom de Saint-Sébastien, martyrisé, comme on sait à coup de flèches, sous le vocable duquel elle était probablement placée. C'est ainsi que nous voyons, le 2 mai 1530, les chevaliers du jeu du Dauphin, transmettre au conseil de ville le nom de celui qui avait abattu l'oiseau sur la Porte-Mars, et, le 23 avril 1537, nous lisons dans le registre du conseil : « Gabier Multeau a » gagné l'oiseau au jardin de Saint-Sébastien, » mais étant encore domestique chez son père, » celui-ci jouira de l'exemption. »

La création de la compagnie de l'Arquebuse fut un prétexte aux deux grandes associations des Archers et des Arbalétriers de se fusionner, ce qui dut avoir lieu à peu près exactement à cette époque. Seulement, comme le jeu de l'arbalète avait constamment prospéré, tandis que celui de l'arc avait évidemment diminué, si l'on en juge par la rareté des mentions qui en sont parvenues jusqu'à nous, les Archers furent soumis aux Arbalétriers, et les deux confréries prirent la dénomination semblable, l'une de jeu de la cour-ronne des Archers ou de l'Arc, l'autre de jeu de la couronne des Arbalétriers ou de l'Arbalète. Un extrait du registre de cette dernière compagnie

donne à ce sujet une indication précise et cu-
rieuse :

« Le 22 juin 1546, Jacques de May, chevalier de
» la Couronne des archiers s'est porté appelant
» par devant les empereur, roy, connestables et
» chevaliers du jardin de la Couronne des arba-
» lestriers, qui sont juges immédiats, auxquels
» appartient la connaissance des appellations qui
» sont intervenues au dit jardin des archiers de
» la couronne. Le 1er aoust 1546, la cause fut
« jugée : de May, convaincu d'avoir proféré des
» blasphêmes, est condamné à aller dans les but-
» tes du jardin des archiers, à genoux, tête nue,
» baiser la broche de l'autre butte, et à une de-
» my-livre de cire à appliquer aux torches du
» dit jardin, boire un verre d'eau et demander
» mercy à Dieu et aux chevaliers. »

Il est permis de croire que les Archers survé-
curent peu à cette première fusion et qu'ils se
confondirent complètement avec les Arbalétriers
au profit, desquels ils avaient déjà abdiqué leur
indépendance. Nous trouvons encore dans les

registres du conseil de ville une conclusion du
20 mai 1612 pour « permettre aux archers du jeu
» de l'arcq de tirer un joyau. » Mais aucune
trace de la confrérie n'existe ensuite et elle dis-
parut probablement au milieu des troubles qui
signalèrent les premières années du règne de
Louis XIII et eurent principalement leur siége
en Champagne, dans le Rémois et dans les Ar-
dennes.

II.

COMPAGNIE

DU NOBLE JEU DE L'ARBALÈTE

A REIMS.

Nous avons dit que la compagnie des Arbalétriers se constitua à Reims en même temps que
celle des Archers, et il faut faire évidemment
remonter leur origine au siége formé en 1359-
1360 par les Anglais, et dans lequel nous savons
comment se comportèrent les Arbalétriers rémois.
Le premier document constatant authentiquement
leur existence est la lettre de convocation à eux
adressée par les arbalétriers de Sézanne, le
30 mai 1415, pour les inviter à venir prendre
part au prix général offert par leur compagnie à
leurs confrères de la province, et dans lequel ils
offraient « deux petits joyaux. » Cette pièce est
importante : elle prouve d'abord que le goût de

ce divertissement, après avoir été très-vif, avait été ralenti par la guerre, mais qu'on voulait lui rendre un nouveau développement, la convocation ayant pour but de « soutenir le dit jeu de mieux en mieux, et iceluy reveiller qui longuement a dormi. » L'un de ces prix consistait en un cerf d'argent, ayant le bois doré, l'autre en une biche d'argent, valant ensemble 8 à 9 livres tournois. Cette lettre renferme les conditions du tir ; les chevaliers sézannais ajoutent, après avoir recommandé à leurs confrères de leur faire savoir la réponse, et leur avoir promis que « là ferons
» bonne chière et lie ensemble... Et aussi nous
» pardonnez ce que mieux et plus sagement ne
» vous rescrivons, et ainsi comme le jeu le re-
» requiert, et au plaisir de Dieu : une autre fois
» nous ferons mieux et plus grandement : car ce
» n'est icy que commencement. »

En 1491, nous avons vu le conseil de ville accorder aux vainqueurs du jeu de l'Arquebuse les mêmes priviléges qu'à ceux du jeu de l'Arc. Le document portait « le grand jeu des arbales-

» triers, » ce qui prouve qu'il n'y avait qu'une
seule compagnie légalement autorisée aux yeux
de l'administration municipale. Il y en avait cependant plusieurs, et une demande adressée au
Conseil, le 24 mai 1504, fournit un renseignement précis à cet égard. « Les arbalestriers du
» jeu Sainte-Barbe demandent à faire deux
» bandes outre *celles* existant, à cause de l'af-
» fluence des joueurs. » On le leur refusa : « Si
» bon leur semble, ils peuvent aller jouer au
» grand jardin des arbalétriers, à la Couture. »

La compagnie du grand jeu siégeait en effet
à la Couture, et leur jardin, long et étroit, s'éten-
dait sur une partie du terrain actuellement occupé
par plusieurs maisons de la rue de Chativesle.
A côté se trouvait le tripot de la Fleur-de-Lys
qui appartenait aux Arbalétriers, et où existaient
un jeu de paume et un cabaret estimé. Cette
compagnie portait également, depuis la seconde
moitié du XVme siècle, le nom de Jeu ou grand
Jeu-de-la-Couronne.

Une compagnie du jeu de l'Arbalète s'était

formée sur le ban de l'abbaye de Saint-Remi :
son jardin était situé dans la rue Neuve[1]. Le tir
de l'oiseau avait lieu à la porte Dieu-Lumière ;
mais elle se fusionna en 1461 avec la compagnie
du grand Jeu-de-la-Couronne, nom probablement adopté pour ne pas paraître inférieure au
grand jeu de l'Arc-du-Duphin, qui adopta ensuite
la même dénomination.

Le chanoine Lacourt, auquel la ville de Reims
doit de si précieux documents dont on ne saurait
trop vivement souhaiter la publication, nous a
conservé la copie de l'ancien registre de la compagnie de la Couronne, en regrettant seulement
que les soixante-cinq premières pages aient déjà
disparu de son temps. Nous y trouvons d'abord un
document capital pour la matière qui nous occu-
pe : les statuts du jeu de l'Arbalète de Reims, avec
le cérémonial de la réception des chevaliers.

« C'est l'ordonnance des compaignons du noble

---

[1] Un jeu de paume fut installé sur cet emplacement
réuni, à ce que nous apprend Bidet, en 1644, à l'hôpital
général.

» jeu de l'Arbaleste. — En premier : Il est vray
» que les compaignons font leur feste, c'est à
» scavoir de jouer au papegaut le premier di-
» manche de may, si fortune ne le deffend, et
» peuvent les défendant la continuer à une autre
» journée ; et y doivent être hors les compaignons
» pour honorer le dit jeu à l'heure que le varlet
» du dit jeu le fera scavoir, sur peine d'amende
» de xii deniers parisis pour chacun défaillant,
» et sa part des despens qui se feront la dite
» journée, si excusation bonne et raisonnable
» n'y at.

 » Et le lendemain chacun des dits frères et
» compagnons doit estre à une messe du Saint-
» Esprit, que leur ont ordonné et font dire à leurs
» dépens, afin que Dieu donne puissance de tel-
» lement le jeu maintenir et gouverner, que ce
» soit au plaisir de Dieu ; avec une basse messe de
» *Requiem* pour les compaignons trepassés ; et
» qui n'y est, il est et sera à l'amende de x de-
» niers parisis ; et ce jour on rend les comptes
» de la dite compagnie et fraternité.

» Que nul des dits compaignons ne s'armera
» contre les ennemis de France, mais la servira
» de toute sa puissance, en gardant et pour la
» tuition et deffense de cette ville de Reims et
« avec iceux habitans.

» Que chacun des dits compagnons et frères
» disent obéir aux commendemens des connes-
» tables du dit jeu, et disent venir à son mande-
» ment pour le fait du dit jeu.

» Que chacun des dits frères et compaignons
» doivent honneur et vénération à l'empereur,
» au roy, aux connestables du dit jeu, en toutes
» choses touchant iccluy jeu.

» Que les dits compaignons et frères se doivent
» garder d'offense et faire faux dommage ou
» deshonneur l'un à l'autre : et si l'un sçait le
» dommage, deshonneur ou déplaisir de l'autre,
» il le doit faire à la partie le plutôt que faire se
» pourra.

Un jeu de paume fut installé sur cet emplacement, réuni, à ce que nous apprend Bidet, en
1644, à l'Hôpital général.

« Chacun d'iceux frères et compaignons sont
» tenus d'aller à toutes les honneurs qui se feront
» par l'ordonnance et commandement des dits
» connestables : c'est à scavoir : aux noces, corps
» et messes, sur peine de chacune fin d'amende
» de x deniers parisis au profit des boestes.

» Que s'il y a aucuns des compaignons qui au
» jardin, tandis que l'on y jouera, nomme la
» laide bête, noire et détestable, il payera ii de-
» niers parisis à la boeste; et s'il est du dehors
» du jardin, et non pas chevalier, il sera mis au
» cep de pieds et de mains, parmi le corps du
» roy, et criera mercy au roy, connestable et à
» toute la compaignie et baisera le blanc à deux
» genoux.

» Que s'il y a auscuns contens ou desbat entre
» les dits frères et compaignons, soit de paroles,
» soit de fait ou aultrement, touchant le deshon-
» neur du dit jeu ou des dits compaignons ou
» frères, iceux compaignon seront tenus d'eulx
» soubmettre au dit et ordonnance des dits con-
» nestables et leur conseil.

» Que si aucun des dits frères dit aucune pa-
» role mal dite ou deshonnête, les autres frères
» qui l'oïront le doivent dire ou faire scavoir aux
» connestables et à leur conseil, afin qu'il en soit
» pugny.

» Que chacun des dits compaignons et frères
» doit payer libérablement toutes les amendes
» par lui faites.

» Que si un des frères du jeu va de vie à
» trépas, il doit son arbaleste au jeu, la
» meilleure qu'il ait, et son touret au profit du
» jeu, et puis la dite arbaleste et touret la
» somme de xl sols parisis, à la volonté des
» compaignons.

» Et puis, si la ditte compagnie lui doit faire un
» service : c'est à scavoir : une haute messe à
» diacre et soubs-diacre, et une basse messe de
» *Requiem*, et y doivent tous les compaignons et
» frères, sur l'amende de iv deniers parisis, ou,
» si le frère veut laisser son arbaleste à l'un de
» ses amis, il est quitte pour payer xx sols pa-
» risis pour faire son service de deux messes,

» ainsy que les compaignons se promettent l'un
» à l'autre.

  » Et s'il advenait que aucun des dits compai-
» gnons alant de vie à trépas, et il n'avoit de quoy
» payer ce qu'il devroit au dit jeu, les dits compai-
» gnons et frères lui feront faire son service ainsy
» comme dit est, c'est à scavoir : une haute
» messe et une basse de *Requiem*, et pour ce se
» doivent les dits compaignons et frères bien
» aimer l'un et l'autre.

  » Le jour de la Fête-Dieu, notre créateur, que
» chacun desdits frères et compaignons soit à la
» procession avec la torche, par bonne ordon-
» nance, pour faire honneur à Dieu.

  » Le lendemain doit un chacun d'iceulx estre
» à une messe du Saint-Esprit, que les dits frères
» et compaignons font dire afin que Dieu leur
» veuille donner puissance de tellement gou-
» verner et mainstenir leurs esbattements que ce
» soit au plaisir de Dieu, et aussi certaine basse
» messe de *Requiem* pour les trépassés qui ont
» aidé à ordonner et fonder les dites torches qui

» sont ordonnées pour Dieu servir et honorer, qui
» ont aidé et aideront à soubtenir et multiplier
» le dit noble jeu. »

« AULTRE ORDONNANCE : S'il advient jamais à
» chevalier du loyal serment de l'arbaleste de
» regnier Dieu ou la vierge Marie, et aultres
» saints ou saintes au jardin, pour la première
» fois qu'il lui adviendra, il payera IV sols pa-
» risis au profit du jardin ; s'il y renchiet, la
» deuxième fois il payera semblable somme de IV
» sols parisis et ira à nuds pieds et nue teste devant
» le roy du jardin, jusqu'au lieu où les cheva-
» liers iront boire. Si la tierce fois il y renchiet,
» son arbaleste sera confisquée au jeu, et si sera
» mis hors à jamais de la compaignie.

» Qui malgréera Dieu ou sa Mère et ses saints,
» pour la première fois, il payera II sols parisis,
» et, pour la deuxième fois, IV sols parisis, et si
» plus il renchiet, il sera mis hors de la compai-
» gnie à tout le monde pour un an et pour plus,
» à la discrétion de l'empereur, du roy, et par
» l'avis du conseil des chevaliers.

» Plus, qui jurera le sang, la mort, le ventre,
» la teste, le ventre-Dieu et autres blasphèmes, il
» payera pour chacune fois IV sols parisis, et, s'il
» en est trop coustumier, sera privé de la com-
» paignie pour aucun temps ou à jamais, par
» l'avis et conseil des chevaliers.

» Plus les aultres qui ne serjent de serment se
» trouvant au dit jardin et commettant choses
» dessus dites et aucunes d'elles, ils seront burtés
» hors du jardin, et leur sera défendu de eux y
» plus trouver, et s'il y a regniement ou mau-
» gréement sera dénoncé à la justice pour en
» faire pugnition. »

ORDONNANCE DE LA COURONNE. — « Les compai-
» gnons du jeu de l'arbaleste de Reims font tous
» les dimanches un roy à jouer : et le fait en
» tant est, après nonnes sonnées en l'église de
» Reims, et la gaigne celuy qui a mis au premier
» coup qu'il jouera plus près de la vraye broche
» à l'heure devant dite; et la doit, celuy qui la
» gaigne, représenter le dimanche après en suy-
» vant, ou faire représenter par autres sur amende

» de vi deniers parisis ; et ce dit dimanche qu'il
» se représentera, si un autre la gaigne que luy,
» il la doit bailler et présenter honorablement à
» celuy qui l'aura gaigné, sur l'amende dessus
» dite, et la boeste avec la dite couronne, sus
» peine de deux deniers parisis ; et aussi la clef
» du coffre du jardin doit être pendue à la dite
» boeste sur la même amende.

» Tous les compaignons qui vouldront entrer
» en la compagnie dessus dite doivent, pour la
» réparation du jardin appartenant au dit jeu,
» la somme de viii sols parisis au moins, et pour
» les torches deux livres de cire, et aussi pour
» le varlet du dit jeu six deniers parisis ; et si,
» doit, pour la bienvenue, quatre sols parisis et
» un pot de vin.

» Il en doit jurer solemnellement par Dieu et
» par la foys, la croix et la noix de l'arbaleste, de
» tenir toutes les dites ordonnances et encore
» mieux s'il peut, et de multiplier le dit jeu le
» plus qu'il pourra.

» S'en suit le serment que doit faire un che-

» valier de l'arbaleste; et par premièrement le
» connestable ou autre pour luy, et dit au che-
» valier tout ce que cy après s'ensuit, excepté
» que le dit chevalier doit répondre et dire là où
» il y a écrit réponse. »

FORMULE DE RÉCEPTION.

Amy, qui vas-tu quérant ?
Que le très-bien venu soye !

Le Chevalier repond :
Honneur et prix acquerant
Sy j'y puis trouver la voye.

Le connèstable :
Tu l'auras, mais qui tu soyes
Tousiours loyal et hardy,
Et que rien tu ne le croye
Medisans, je te le dise.

R..
Sire, je vous prie, par amour,
Que maintenant je puisse estre
De votre main, devant tous
Chevalier de l'arbalestre.

D.

Volontiers.

R.

Grand mercy, maistre.

Dieu doint qu'après vos jours finis,

Soyez celoqué à la dextre

En son glorieux paradis.

D.

Il faut que faire tu fasce

Tous les vœux que faire tu dois.

R.

Quels sont-ils ?

D.

Qu'en cette place

Jurez la croix et la noix,

Que le jeu doux et courtois

Maintiendras par bonnes mœurs,

Maintenant comme autrefois

Ont fait nos prédécesseurs.

Viens, jure loyalement

Que la couronne de France

Serviras entièrement

De ta force et ta puissance ;
Ton corps mettras en défense
A Reims, contre ses ennemis,
Desquels tu auras connaissance.

R.

Je promets que de ma puissance
Feray le contenu de vos dits.

D.

Et après autres, si tu vois
Aucun des frères m'esprendre
Contre le jeux, tu le dois,
Si tu ne veux trop fort m'esprendre
Au gouverneur le faire entendre,
Afin qu'il en soit pugni :
Veux-tu ceux entreprendre ?

R.

En bonne foy, sire, ouy.

D.

Pareillement si tu m'esprens
Contre le jeu, ou les frères,
Dès maintenant tu consens
Qu'en touttes bonnes manières

Soye pugny par les frères.
Qui en ont le gouvernement?
Les causes cy sont toutes claires.
Le veux-tu?

R.

Oui, certainement!

D.

Et encore fais-tu le vœu,
Que si tu voyais discorde
Entre les frères du jeu,
D'y mettre paix et concorde.
Chacun frère ici l'accorde
Avant qu'il soit retenu,
Ce point cy souvent recorde?

R.

Pour ce soin je suis venu.

D.

Un autre veu jureras,
Pour entrer en la frairie,
Que jusqu'à un blanc feras
Dépense par compaignie
A ceux d'étrange partie
Qui voudront au jeu jouer.

R.

Quy n'a pas de vilemmie
Je suis pret de le voüer.

D.

Puisque tu requiers le vœu,
Jure par bonne pensée,
Il le convient, si tu veux
Que si une messe est chantée,
Ou plusieurs durant l'année,
Pour les frères trépassés,
Que ta part y soit donnée

R.

Je le veuil, sire : Est ce assez ?

D.

L'autre veu ne laisse pas,
Mets le bien en ta mémoire,
Que si de vie à trépas
Te menait le rez de gloire
L'arbaleste et put d'y voir
Dont tu fais l'esbattement
En nostre......

R.

Et je le veuil par mon serment

D.

Seigneurs, frère et compaignon,

Chacun de nous face teste

Au frère nouvel avenu

De nostre jeu tant honneste ;

Des pieds jusqu'à la teste

Allons nous burter en müe,

Et là lavons nostre teste

De vin pour sa bienvenue !

Le registre transcrit par Lacourt constate que les gentilshommes du pays rémois, aussi bien que la bourgeoisie, tenaient à faire partie de la compagnie de la Couronne. Le 3 mai 1467, on y reçut Gobert de Bohan, capitaine royal de la ville ; l'archevêque Juvénal des Ursins était également chevalier de l'Arbalète, et il se produisit même à sa mort un incident assez curieux. Nous avons vu qu'un des articles des statuts donne à la compagnie la propriété de l'arbalète du chevalier défunt. Les

officiers du jeu, Colard Bouguin, empereur; Gérard
Maigneron, roi, et Jean Goulinet, connétable, demandèrent en conséquence au bailli de Reims la
remise de l'arme : sur son refus, ils allèrent au
lieutenant des habitants, qui, de l'avis du bailli de
Vermandois leur fit délivrer l'arbalète « qui a été
» par nous faite, armoyée aux armes d'iceluy
» notre frère et amy. » La compagnie comptait
alors plus de cinquante-cinq membres.

Nous voyons recevoir durant une période de
plus d'un siècle, parmi les nobles : Jean Chinoir,
seigneur de Chambrecy (1494); Jean de Bohan,
seigneur de Damery (1494); Charles de Vassé, seigneur de Muizon, Louis d'Enghien, seigneur de
Bouilly, et Guillaume Chardon, vicomte d'Her-
monville (1497; Jérôme Grossayne, bailli de
Reims (1517); Nicolas Fillette, prévôt royal, et
Remy Cauchon (1526); parmi les membres du
clergé : Remi Legoix, curé de Cernay (1495);
Guillaume Loiseau, chanoine (1501); Jean de
Marne, chapelain de Saint-Jacques (1504) ; Jean
Haupillart, chapelain de Notre-Dame (1509) ; Jean

Cogy, de même (1517) ; André Desprez, curé de Cernay (1604); dans la bourgeoisie, tous les principaux noms rémois : Jean Leleu (1409) ; Jean Chertemps (1498) ; Jean Colbert (1520) ; Philippe Moet (1524) ; Drouin Bachelier (1525) ; Nicolas Pussot (1527) ; Garlache Souyn (1533) ; Pierre Colbert (1559) ; Fourquet Lacourt (1560) ; Pierre Marlot (1567) ; Jean Colbert (1572) ; Pierre Lafricque (1587) ; Pierre Colbert (1588) ; Nicolas Dérodé, Jean Maillefer, élu capitaine le 11 juillet 1604.

Les compagnons du jeu des Arbalétriers de la Couronne faisaient entre eux une police sévère et exécutaient rigoureusement leurs statuts : ils expulsaient « à jamais » ceux qui commettaient quelque action indélicate, et ils châtiaient vivement pour les plus petits manquements. Jean Collard, tonnelier, s'étant présenté, le 25 avril 1505, comme la compagnie revenait du service célébré à Saint-Jacques pour un confrère, Jean Marcaut, dit Bayard, pour prendre part au tir, dans le costume de travail, les chevaliers trou-

vèrent la chose « deshonnête » et « la chambre
» prononça contre lui, qu'il viendroit à la pre-
» mière garde des grandes buttes du jardin, nue
» teste, se présenter devant la broche d'icelle
» butte à un genou, qu'il baiseroit la dite broche
» et après prieroit la compagnie qu'il lui plut luy
» pardonner, » sentence à laquelle le coupable se
soumit. Ce fut bien pire le 1ᵉʳ mai 1502, jour du
tir annuel : Jacques Popelain s'étant avisé de
tirer sans permission, dut aller un pied nu d'une
butte à l'autre du jardin, et donner à la compagnie
« deux septiers de bon vin à la clef, que l'on
vendoit pour lors seize deniers le pot. » En 1555,
Jean Varruyer ayant manqué sans congé à une
procession réglementaire, paya vingt sols d'a-
mende, un pot de vin et n'eut pas la couronne à
laquelle il avait droit comme roi de la semaine.
Varin Ducandal dut, le 26 juillet 1598, se traîner
à genoux, tête nue, d'une des gardes à la butte,
baiser la broche, payer l'amende et boire deux
verres d'eau pour avoir insulté l'un des connétables.

Le registre transcrit par Lacourt mentionne trois expulsions : celle de Jean Bignicourt, boucher, le 8 mai 1509, sans énoncé des motifs ; Pierre Pussot, le 26 mai 1557, pour avoir forcé la serrure de la porte « des Molinets » et avoir refusé de se soumettre à la sentence qui le condamnait à baiser la broche et à boire un verre d'eau ; Nicolas Dérodé, le 13 mars 1594, « après avoir été mis aux ceps pendant le goûter des chevaliers ; » Pierre Colbert, le 8 juin 1572, fut condamné à aller à genoux, tête nue, d'une broche à l'autre, à la baiser, à payer huit deniers de cire et à être exclu du jardin pendant trois mois « pour réparation de ses violences et jurements. »

Il ne faut pas croire cependant que nos Arbalétriers n'aient jamais eu qu'à tirer le papegay, à festiner, ou, en cas de peccadilles, à boire des verres d'eau, ce qui semble une punition singulièrement sévère pour eux. Les archives de Reims constatent qu'ils se montrèrent bravement plus d'une fois. Les comptes municipaux mentionnent en 1425 l'envoi d'Arbalétriers au siége de...

avec Gauscher de Chastillon, 1440. La garde de nuit entre les deux ponts fut confiée « à plusieurs » arbalestriers de la dite ville, parce que plu- » sieurs gens d'arme estant sur les champs, me- » nassèrent d'y entrer de nuit. » Le 1er mai 1428, on avait refusé dix arbalétriers à Ch. de Luxem- bourg, occupé au siége de Mouzon, attendu « qu'il » n'y a arbalestriers qui se cognoisse à assaulx. »

Dès les premiers jours de la création de la compagnie de l'Arquebuse, les confrères de l'Ar- balète eurent à souffrir de la jalousie et de l'in- fluence de ces nouveaux rivaux. Les compagnons du grand Jeu-de-la-Couronne avaient obtenu des lettres patentes du roi, leur concédant le privilége des diverses exemptions ordinaires pour le capi- taine et les vainqueurs au tir ; mais ces lettres, concédées vraisemblablement par Charles IX· ou Henri III, n'avaient pas été entérinées, et, le 5 juin 1602, les chevaliers résolurent d'y remédier : » les quelles, porte leur registre, pour raison des » guerres passées, n'auroient été intérinées, et à » cette fin de ne point perdre si beaux priviléges,

» il seroit besoin obtenir nouvelles lettres du roy
» présent pour confirmation des dits priviléges ».
Henri IV signa, au mois de mars 1603, ces lettres
accordant les exemptions aux capitaine, lieutenant, guidon, enseigne ou roi de l'année et à celui
qui abattrait l'oiseau trois années consécutives.
C'était plus que ce qui avait été demandé : l'enregistrement à la cour des aides eut lieu dès le
8 avril suivant. A cette nouvelle les Arquebusiers
s'émurent et firent immédiatement assigner les
Arbalétriers devant la cour des aides pour empêcher la jouissance de priviléges aussi excessifs.
Les Arbalétriers acceptèrent le procès (24 août),
et un arrêt de la cour décida que les exemptions
mentionnées dans les lettres patentes ne seraient
applicables qu'au capitaine et au roi de l'année
(19 juillet 1604). Les parties furent d'ailleurs
mises hors de cause sans dépens. Mais les Arquebusiers ne se tinrent pas pour satisfaits, ils en
appelèrent au conseil privé. Le conseil de ville
soutenait cette opposition et montrait une grande
animosité contre les membres de l'ancienne con-

frérie rémoise. Henri IV y mit fin par une lettre
formelle adressée le 12 septembre 1607, de Paris,
au lieutenant de ville et aux gens du conseil.

Mais cependant cette animosité persista et le
conseil mettait toujours de la mauvaise volonté à
laisser les vainqueurs de l'oiseau de l'arbalète
jouir de leurs vieux priviléges; c'est ainsi que
nous voyons Pierre Véron, le jeune, roi de l'arbalète pour l'année 1642, obligé d'adresser, le 24
septembre, une requête au conseil pour se faire
reconnaitre son exemption de la garde de ville
pour l'année, « ainsy qu'ont esté ses prédécesseurs, rois du dit jardin ; » le conseil s'exécuta :
« l'affaire mise en délibération, conclu a été que
le dit Véron jouira de l'exemption de la dite
garde durant son année, ce fesant est déchargé
des défauts qu'il a faits en la dite garde pour
lesquels il a été exécuté et ses meubles à luy
vendus. » On n'était plus au temps où tout ce que
Reims possédait de noblessse et de bourgeoisie
tenait à honneur de voir quelques-uns de ses
membres figurer sur les contrôles de la compa-

gnie de l'arbalète. Les chevaliers luttèrent cependant : le 8 mai 1665, ils demandèrent au conseil de ville «le rétablissement de leurs anciens priviléges pour le roi et le capitaine. » Le conseil consentit à exempter le roi seulement du logement des gens de guerre et de la garde. En même temps il décida qu'on continuerait à délivrer le prix annuel à celui qui abattrait l'oiseau et qu'on permettrait à la compagnie de se rendre au prix général à Compiègne, en lui allouant pour ce dix louis d'or. » De guerre lasse et les Arquebusiers, augmentant le vide autour d'eux, ils cédèrent et déclarèrent la confrérie dissoute. Ils abandonnèrent à la ville leur jardin moyennant une somme de 1,500 livres, payables à divers individus désignés et à charge d'élever sur l'emplacement une caserne pour le soulagement des troupes et la sûreté des Rémois (1701). Ils n'étaient plus alors qu'au nombre de sept [1].

[1] Une conclusion municipale, du 5 juin 1722, décida de faire du jardin de l'arbalète le lieu de dépôt des bois

Nous avons dit qu'outre la compagnie de la Couronne de l'Arbalète, seule association officiellement reconnue, il en existait plusieurs autres à Reims. Nous avons vu en effet les Arbalétriers du jeu de Sainte-Barbe solliciter vainement, en 1504, l'autorisation de se partager en deux compagnies : ils tiraient leur oiseau sur la porte Cérès, sur laquelle Gerusez affirme qu'il existait encore, en 1718, une image de leur patronne; leur jardin, dit Bidet, était dans la fosse, entre les deux portes Cérès. Bidet ajoute qu'elle fut ensuite transférée rue de la Couture jusqu'à sa suppression, en 1689 : il y a évidemment confusion de sa part : cette compagnie se sera sans doute réunie à celle de la Couronne, qui avait en effet son jardin près de la Couture, et il se trompe sur la date de la suppression. Cette confrérie n'était pas, ce semble, pourvue de bien larges priviléges; car nous voyons qu'il fallut une conclusion du conseil de

pour le sacre et l'on coupa les arbres pour élargir a porte, rue de la Couture.

ville, du 2 mai 1530, pour « permettre aux chevaliers du jeu de l'arbalète Sainte-Barbe de sonner tambourins en allant tirer leur oiseau. » Le même jour, le procès-verbal de la séance municipale constate que les « chevaliers du jeu de l'arbaleste Saint-Remy ont fait savoir celui qui a été reçu Empereur. » Nous avons parlé plus haut de cette compagnie.

Il paraît que Louis XII, s'intéressait particulièrement au développement de ce goût des Rémois, pour le jeu de l'arbalète ; car il fit adresser au conseil de ville, le 24 mai 1506, des lettres particulières :

« Les lieux et buttes où s'exercent les Arbalé-
» triers, portaient-elles d'après le registre des
» conclusions municipales, même au grand jardin
» de la Couronne, sont en si mauvais état que le
» jeu en est presque abandonné. Mais, comme la
» ville est frontière, il est nécessaire qu'elle soit
» pourvue d'archers habiles. Le roy pria la ville
» d'allouer au roy des Arbalétriers, et à leur pro-

» curer 20 livres tournois par an, pour répara-
» tion de leurs buttes. »

Le jeu de l'arbalète de Sainte-Barbe ne se prolongea pas au-delà de la fin du XVIe siècle. Une conclusion de ville, du 16 mai 1610, ordonne que « l'huis Sainte-Barbe deçà le premier poulain de » la porte Cérès sera muré. »

III.

COMPAGNIE DU NOBLE JEU DE L'ARQUEBUSE

L'inventaire des archives de l'hôtel de ville de
Reims, dressé par Lemoine, mentionne, à la date
de l'année 1537 les statuts de la « compagnie des
Harquebutiers de la ville et cité de Reims ; » mais
Varin a vainement cherché ce document, qui n'a
pas été retrouvé, et depuis, tous les historiens ré-
ont dit que François Ier avait créé, en 1537,
une compagnie de l'Arquebuse en cette ville,
pour remplacer les Arbalétriers, ce qui est
une erreur. La compagnie des Arquebusiers se
forma à Reims au commencement du XVIe siècle,
ainsi que dans un grand nombre de villes de la
frontière, comme antérieurement il en avait été
pour les compagnies de l'Arc et de l'Arbalète : la
preuve en est facile à produire puisqu'on la trouve

dans l'arrêt du conseil du roi portant règlement
entre le capitaine et le lieutenant et gens du conseil de la ville de Reims, rendu le 2 juillet 1557.
On y lit en effet : « en tant que touche ce que le
» dit capitaine prétend, par le troisième article,
» lui appartenir de commander aux Arquebusiers
» de la dite ville et à leur capitaine tout ce qu'il
» verra être à faire pour la sûreté d'icelle ville...
» Ayant entendu que c'est une compagnie qui
» s'est faite d'elle-même pour s'accoutumer et
» adextrer à tirer de l'arquebuse, sans avoir au-
» cuns gages, ni autre bienfait et entretennement
» de la dite ville pour lesquels ils soient sujets
» ni contraints, si non à leur volonté, de faire
» aucunes corvées ; considéré memement que la
» plupart sont gens mécaniques, qui n'ont autre
» moyen de vivre que leurs arts et industries, il
» n'est aucunement raisonnable que le dit capi-
» taine les aille distraire ni employer ailleurs
» pour obéir à ses commandements, ès jours et
» heures qu'ils doivent gagner leur vie ; ce que
» très-expressément nous lui défendons, si ce

» n'était en cas d'éminent et extrême péril et
» danger où il fust question que tous les manans
» et habitans de la dite ville indifféremment
» dussent prendre les armes ou autrement faire
» leur devoir à la conservation et défense d'icelle
» ville. »

Voilà la charte bien claire et bien précise, si je puis dire, des Arquebusiers rémois. Ils se sont formés spontanément en compagnie : le roy approuva leurs statuts en 1537 et Henri II, pendant son séjour à Reims, pour le sacre, leur octroya des lettres patentes portant la date assez singulière des 10 et 11 mars 1551, exemptant de toutes tailles et subsides, le capitaine, sa vie durant, et le roi de l'oiseau pour l'année.

« Henry, par la grâce de Dieu, etc. Nos chers et bien aymés les harquebutiers de nostre ville et cité de Reims nous ont fait entendre que, pour mieulx continuer l'exercice de larquebute et se dresser pour en tirer pour la tuition et défense d'icelle, nostre dicte ville et frontière de notre royaulme, ils ont par cy devant faict et estably un

jardin en la dite ville, et ce en faisant, d'entre
eulx pour leur cappitaine qui jouit de la dicte
préeminence sa vie durant, et lequel, tant aux
sacres, entrées des roys, que aultres actes notables
qui se font en la dicte ville, est tenu de soustenir
plusieurs grandes réponses ; comme est sembla-
blement celuy d'entre eulx quy abbat l'oyseau
qu'ils ont accoustumé mettre et apposer par chacun an, au mois de may, sur l'une des portes de
la dicte ville, pour y tirer de la dicte harquebute,
sans que cela leur tourne à aucun proffit ou
utilité ; nous supplyons à cette cause, et pour
plus inviter les jeunes gens aux dicts exercices,
que notre plaisir fut exempter tant le dict cappitaine du jardin que celuy qui abbatera doresnavant par chacun an le dict oyseau de toutes tailles,
subsides et quelconques aultres impositions et de
ce leur octroyer nos lettres en forme de chartes.
Sçavoir faisons que nous inclinant libéralement
à la supplication et requeste des dits harquebutiers, avons par ce présent nostre edict et statut
perpétuel et irrévocable, et de nos propres mou-

vements, certaine science, pleine puissance et authorité royale, affranchy et exempté, affranchissons et exemptons par ces présentes le dict cappitaine du jardin, tant présent que advenir sa vye durant, et aussy celuy d'entre eulx qui abbatera le dict oyseau, par chacun an, pour l'année qu'il l'aura abbatu, de toutes tailles, subsides et aultres imposicions quelconques, sans que, aux assiettes et département d'icelles, ils y puyssent, durant le dict temps, estre compris ni attirez en aucune manière. Ly donnons en mandement par ces présentes à nos amys et feaulx conseillers les généraulx par nous ordonnez sur le faict de la justice de nos aydes à Paris, au bailly de Vermandois et à son lieutenant à Reims, etc. Donné à Reims au mois de mars 1551. »

Les statuts de la compagnie rémoise nous manquent, mais nous sommes certains par les usages des chevaliers, suffisamment indiquées dans les divers documents qui nous sont parvenus, qu'ils ne différaient pas d'une manière sensible de ceux des diverses associations voisines dont nous connaissons l'organisation. Nous allons y suppléer en résumant les statuts du noble et hardi jeu de l'Arquebuse de la ville de Châlons-sur-Marne, révisés par le gouverneur général de la province le 28 décembre 1718.

Le candidat devait être catholique et présenter un certificat de bonnes mœurs signé par deux membres anciens de la compagnie et le capitaine ou le roi en son absence. Sitôt admis, le chevalier se faisait inscrire dans la confrérie Saint-Georges, patron de la compagnie, payait cinq sols annuellement, assistait aux quatre services solennels et rendait à tour de rôle le pain béni. Il assistait aux obsèques de chaque confrère défunt, sur la convocation du concierge de l'hôtel, et à l'*obit* au bout du mois, sous peine de dix sols d'amende. Ces services étaient célébrés aux frais de la bourse commune. Tout chevalier prononçant blasphème, juron et faisant querelle ou action indécente dans une assemblée quelconque de la compagnie, passait devant un tribunal composé du capitaine et de huit anciens : il payait cinq sols d'amende

pour la première fois, quinze pour la seconde ;
à la troisième, il était expulsé et passible d'une
peine au choix des juges.

Le nouveau chevalier jurait fidélité au roi, à
la ville, obéissance au conseil de ville, respect
aux anciens, promettait observance des règlements ; il prêtait ce serment à l'hôtel de l'Arquebuse, entre les mains du capitaine : secret et
bonne harmonie. Il payait six livres par an à son
tour de réception pour un prix. Il payait en outre
à son entrée vingt livres à la bourse commune,
quinze sols au concierge, un joyau de six livres ;
il payait ensuite, aux fêtes de la Pentecôte, quarante sols, trente, pour le premier joyau, quinze
pour la première aiguillette, quinze pour la
première folie, cinq pour le concierge, pour
le premier coup au noir. Chaque jour d'exercice, il payait trois sols, pour la masse des
prix généraux. Toute contestation ou débat
quelconque relatif à la compagnie, sera jugé
par les chefs seuls, assistés dans les cas graves par
huit anciens, sans appel. Le chevalier était cité

par l'ordre verbal transmis par l'un des sergents, sous peine de quinze sols d'amende et de condamnation, en cas de non-comparution. La compagnie en masse assistait à la montre du lundi de la Pentecôte, les anciens de plus de cinquante ans, avec l'épée, les autres avec le mousquet et le fourniment, sous peine d'une amende de trente sols et d'être exclu du tir de l'année. Chaque chevalier doit se rendre avec l'épée aux convocations transmises par le concierge, sous peine de quinze sols d'amende et d'une plus forte en cas de récidive. Aucun archier ou gens mécaniques n'étaient reçus à cause des frais et de la perte du temps qu'ils auraient eu à subir. L'oiseau était tiré chaque année le lundi de la Pentecôte; le vainqueur était mené à l'hôtel de ville pour prêter le serment et recevoir l'exemption et jouissance des priviléges annuels; il devait un écu d'or au trésorier, un gâteau le dimanche suivant, un demi-écu aux tambours et fifres de l'oiseau du tir de l'année suivante. Celui qui tirait l'oiseau chargeait son arme devant un des officiers, payait trente sols au trésorier et prenait son numéro du tir au sort.

Les prix ordinaires avaient lieu les dimanches et fêtes, à deux heures. On payait le droit et on tirait à son numéro sous peine d'amende de quinze sous et annulation des coups en cas de contravention. Les chevaliers, à tour de rôle, devaient faire la police du tir. Il fallait tirer sans prendre aucun appui, sous peine d'amende et d'annulation du coup. Il était défendu de tirer pendant la quinzaine de Pâques, le jour de l'Ascension, de la Pentecôte, l'octave de la fête Dieu, la fête de Noël, celle de la Toussaint et celles de la Vierge. Il y avait des jours d'exercice où le carton était posé à midi. Chaque chevalier démissionnaire payait dix livres. L'élection aux places vacantes par décès avait lieu immédiatement après l'enterrement, et au plus tard au premier jour de l'exercice.

Le 2 octobre 1552, Henri II confirma ses lettres patentes de l'année précédente ; François II fit de même au mois de novembre 1559, mais en étendant les exemptions accordées par son père au lieutenant et au porte-enseigne de la compagnie. Henri III ajouta sa confirmation à celles de ses prédécesseurs, au mois d'avril 1575, et Henri IV, au mois de janvier 1604, tout en demeurant fidèle, comme nous l'avons vu, aux Arbalétriers, que les Arquebusiers avaient désormais remplacés dans la faveur municipale, et qui ne cessaient de poursuivre leurs confrères de mesquines et regrettables tracasseries. Louis XIII fut le dernier roi qui s'occupa de confirmer les priviléges des Arquebusiers de Reims, qui eurent toujours soin de faire transcrire ces documents souverains sur les registres du conseil de ville et sur ceux de la Cour des Aides, ainsi que les mandements qu'ils obtinrent dans le même but des ducs de Guise, de l'Hôpital et de Vivonne, gouverneurs généraux de la province.

Nous avons parlé du règlement royal du 26 janvier 1715, qui attribua, dans le gouvernement de Champagne et de Brie, la préséance aux compagnies de l'Arquebuse sur celles de la milice bourgeoise, règlement rendu à la suite d'une

émeute assez grave que cette question d'étiquette
avait provoquée à Sézanne. La milice rémoise,
soutenue par la municipalité, protesta vivement.
Ce fut l'origine d'une longue contestation qui
causa une grande émotion à Reims.

Le 19 août, le conseil chargea l'un de ses membres, Bidet, de se rendre à Paris pour prier le
prince de Soubise, gouverneur de Champagne, de
ne pas laisser appliquer les conséquences de ce
réglement, et il revenait à la charge dans sa séance
du 14 octobre. Le prince de Soubise répondit par
cette ordonnance, du 5 décembre, qui raconte
minutieusement les détails de cette affaire :

« Les pressans besoins de l'Etat, dans les
guerres dernières, ayant obligé le feu roy de glo-
rieuse mémoire de chercher des secours extraor-
dinaires pour en soutenir le poids et fournir à la
dépense de ses armées, Sa Majesté auroit jugé à
propos de créer et ériger en titre d'offices des
charges de gouverneurs, lieutenans de roy et
majors dans toutes les villes du royaume où il n'y
avait point d'Etat major ; de nouveaux maires

dans tous les lieux où il n'y en avoit point d'anciens ; et des colonels, majors, capitaines et lieutenans de la milice bourgeoise qui auparavant estoient à la nomination des habitans ; et pour donner de l'émulation à les acquérir, y auroit attribué, outre la compatibilité avec toute autre force d'emplois de milice, justice et police, plusieurs priviléges et exemptions qui rendirent ces derniers beaucoup plus considérables qu'ils n'estoient auparavant, en sorte que ceux qui les avoient acquis cherchans tous les moyens possibles de les augmenter encore et de se dédommager de leur finance, en auroient pris prétexte de disputer le pas et la préséance aux compagnies d'Arquebusiers qui se trouvoient établies dans les lieux de résidence, ce qui auroit fait naître un si grand nombre de contestations et de différens entre le corps de milice bourgeoise et ceux des arquebusiers, dans toutes les occasions où ils estoient commandez ensemble, que, pour en arrêter les suites, qui au lieu des jours de feste et de réjouissance publique avoient déjà commencé à

faire dans plusieurs villes de Champagne et de
Brie, des sujets de sédition, de tumulte et d'émotion populaire, Sa Majesté se seroit enfin déter-
minée à faire un règlement général le 15 janvier
dernier, par lequel, en confirmant les ordonnances précédemment rendues à ce sujet par
nous et par le feu prince de Soubise, notre père,
Sa Majesté auroit accordé le pas, la préséance et
tous les postes d'honneur aux compagnies d'Arquebusiers sur celles de la milice bourgeoise,
non seulement dans toutes les cérémonies publiques, mais encore dans toutes les occasions militaires. Les motifs de cette préséance sont que ces
compagnies d'Arquebusiers ont esté establies depuis plusieurs siècles, toujours maintenües et
confirmées par lettres patentes, réglemens et
arrests du conseil de tous nos rois, depuis leur
établissement, avec plusieurs concessions, priviléges, immunitez et franchises considérables,
tant pour récompense des services qu'ils ont
souvent rendus à l'Etat et à la patrie dans des
occasions de guerre et d'irruption d'ennemis,

que parce qu'elles ont toujours été composées de l'élite des habitans, des principaux bourgeois, marchans et négocians, des premiers officiers de milice, justice et police et de plusieurs gentils-hommes ; qu'elles ont toujours esté considérées comme une école publique pour former la jeunesse de toustes sortes d'estats et de conditions à l'exercice, dextérité et usage des armes, et comme un corps de troupes aguéries et expérimentées toujours prest à se porter partout au premier ordre et à servir utilement en toutes occasions; cependant Sa Majesté nous ayant adressé ce réglement et ordonné de le faire exécuter, nous en aurions envoyé des exemplaires dans toutes les principales villes de Champagne et Brie, avec ordre, tant aux chefs des compagnies d'Arquebusiers qu'aux maires et échevins, de le faire publier, afficher et enregistrer dans les registres publics : sur quoy messieurs les lieutenant, maire, échevins et gens du conseil de la ville de Reims, au lieu de commencer à exécuter l'ordre de Sa Majesté, sauf leurs remontrances, sous prétexte

qu'ils n'ont pas esté appelez et entendus, préten-
dans avoir des raisons de distinction et de préfé-
rance sur toutes les autres villes de la province,
nous auroient député deux officiers, l'un du
corps de la ville, et l'autre du corps de la milice
bourgeoiše, pour nous représenter : 1° Que la préséance des Arquebusiers sur la milice bourgeoise
ne convient pas à l'usage et au gouvernement particulier de la ville de Reims ; 2° qu'elle trouble-
roit absolument l'ancien ordre de son service et
de son cérémonial ; 3° qu'elle est contraire à l'établissement des Arquebusiers, à l'usage immémorial, à l'autorité des maire et échevins, et à la
possession honorifique de tous les officiers agrégez
pour la discipline et le service du port d'armes
au corps de ville, et du gouvernement.

La preuve qu'il rapporte de tous ces différents
faits, est de dire que le gouvernement particulier
de la ville de Reims appartient aux officiers du
corps de ville qui y ont esté maintenus contre messieurs les marquis de Rothelin et baron du Tour,
lesquels en avoient obtenu des provisions en con-

séquence de l'édit de 1614, qui avoit érigé en titre d'offices tous les gouvernements particuliers des villes du royaume; que la compagnie des Arquebusiers a toujours esté dépendante et soumise à l'authorité des maire et échevins, qui, parmi les priviléges qu'elle a obtenus en faveur de ses officiers, luy en avoient accordé sur les octrois de la ville, dont cette compagnie tient tout, jusques à ses statuts; que les capitaines de la milice bourgeoise sont officiers du corps de ville, laquelle a non-seulement acquis la charge de colonel pour la réunir en la personne du maire, mais encore toutes les charges de capitaines pour pouvoir les nommer et les choisir dans les familles patriciennes, en sorte que, dès qu'ils sont nommez, ils deviennent dès là tous officiers du corps et du gouvernement de la ville par rapport au service militaire; qu'ainsi, comme le colonel est inséparable du maire qui commande, non-seulement la milice bourgeoise, mais encore les Arquebuziers, de mesme les capitaines de la milice bourgeoise, estans tous officiers du corps et du gouvernement de la ville, en sont absolument inséparables, et ayant par gradation la mesme authorité, non-seulement doivent précéder la compagnie des Arquebusiers, dont les chefs et commandans ne sont point officiers du corps de ville, mais encore la commander en l'absence du maire et des autres officiers supérieurs du corps et du gouvernement de la ville.

Ils ajoustent à ce raisonnement, que l'institution de la milice bourgeoise est aussi ancienne que la ville, et que les Arquebusiers ne sont connus que depuis 1537 ; que de tout temps immémorial les bourgeois ont reconnu pour leurs chefs et commandans les capitaines de la milice bourgeoise ; que le devoir de citoyen qui assujettit au capitaine de la milice estant naturel, il ne doit pas céder à celuy de l'Arquebuzier qui n'est qu'accidentel, parce que le premier est indispensable estant contracté par la naissance, et que le second estant volontaire n'engage qu'autant qu'il plaist et qu'il amuse ; que par cette raison, lorsque la milice et les Arquebusiers sont commandez ensemble et pour la mesme occasion, l'Arquebusier doit préférer le drapeau de la milice à celui de l'Arquebuse, parce qu'il est citoyen avant que d'estre arquebusier ; ce qui est si vray que, dans la dernière irruption que les ennemis ont faite en Champagne en l'année 1712, sous le commandement de Grovesten, quelques chevaliers de l'Arquebuse ayant préféré leur drapeau à celuy de la milice, en furent sévèrement censurez et punis d'amende, et enfin que tous les chevaliers et leurs chefs n'estant que des bourgeois, ce seroit renverser l'ordre naturel et violer toutes les règles de la subordination de leur accorder la préséance sur les chefs de la bourgeoisie.

Par toutes ces raisons, messieurs les lieutenans, maire, échevins et gens du conseil de la ville de Reims concluent à ce qu'il nous plaise, eu égard à l'ancienne discipline, à l'usage inviolable, et à la possession immémoriale de leur gouvernement, dans laquelle ils ont toujours esté maintenus, les excepter du réglement que feu Sa Majesté a fait pour les autres villes de la Champagne, et en conséquence maintenir les capitaines de la milice bourgeoise comme officiers du corps et du gouvernement de la ville, non-seulement dans le droit et la possession où ils sont de tout temps de précéder la compagnie des Arquebusiers dans toutes les cérémonies publiques et occasions militaires, mais encore de la commander en cas d'absence du maire et des autres officiers supérieurs du corps et du gouvernement de la ville.

Dé la part des Arquebusiers il nous a été représenté qu'ils n'ont jamais eu l'intention ni la pensée de se prévaloir du dernier réglement qu'il a plu au feu roi de faire en leur faveur, pour se soustraire à l'authorité et à la subordination de messieurs les lieutenans, maire, échevins et gens du conseil de la ville de Reims, et qu'au moyen de cette déclaration ils sont tout d'un coup hors de toute sorte d'intérest sur l'ancienne discipline, l'usage inviolable, la possession immémoriale et le cérémonial de leur gouvernement, qui ne leur sert plus que de prétexte pour favoriser les capitaines de milice, parce qu'ils sont tous leurs fils, leurs gendres ou leurs proches parens ; tout l'avantage qu'ils pretendent tirer de ce dernier réglement n'estant que de se maintenir dans la possession des mesmes traitemens, qu'ils en ont toujours reçu jusques à présent sans aucune novation, diminution ni augmentation ; et que, comme ils n'ont jamais esté precédez ni commandez par les capitaines de la milice bourgeoise, ils ne puissent non plus l'estre à l'avenir ; qu'ils conviennent qu'il y a des capitaines de milice qui sont aussi officiers du corps de ville, et qu'en cette seconde qualité ils peuvent bien participer à l'authorité du corps de ville ; mais qu'en qualité de capitaine et à la teste de leur compagnie, ils ne peuvent précéder ni commander que les bourgeois qui la composent, ce qui est si vray, que le maire mesme, tout commandant qu'il est, en cette qualité, de tout le corps de la milice et des Arquebusiers, n'ayant que la cinquième compagnie, ne précédera pas la quatrième, et sera toujours obligé de suivre son rang dès qu'il voudra se mettre à la teste de la trouppe ; que c'est

un raisonnement captieux et hasardé de dire que
tous les capitaines de milice en cette qualité sont
officiers du corps de ville, puisqu'ils n'y sont jamais appelez que lorsqu'il s'agit de leur donner
quelque ordre qui regarde leurs fonctions de capitaines. Les Arquebusiers soutiennent qu'ils ne
se trouvent point en cette qualité aux assemblées
et délibérations du corps de ville qui concernent
les autres affaires communes à toute la ville ;
qu'ils ne se trouvent point non plus avec les officiers qui vont en corps offrir les vins de présent aux princes et grands seigneurs qui passent
dans la ville, et qu'ils n'assistent point à la messe
solennelle que le corps de ville fait célébrer tous
les ans à la feste de saint Louis, où tous les officiers du corps de ville se trouvent très-ré-
gulièrement; qu'ainsi il n'est pas sincère de
dire que, dès qu'ils sont nommez capitaines, ils
deviennent officiers du corps de ville, puisqu'ils
n'y sont appelez que pour en recevoir les ordres
pour le *Te Deum*, feux de joye, publication de
paix et pareilles cérémonies, auquel cas la com-

pagnie des arquebusiers marche toujours à la teste, ensuite le maire précédé de ses gardes, et le conseil de ville, qui se termine par le receveur et le greffier ; et après suivent, par une distance de quelques pas, les capitaines de milice, représentant toute la milice bourgeoise. Les arquebusiers ajoustent que leur compagnie est aussi ancienne que la monarchie, et qu'elle n'a fait que changer de nom à mesure que l'usage des armes a changé, qu'au commencement c'était une compagnie d'Archers, ensuite une compagnie d'Arbalestriers ; et qu'enfin, lorsque l'usage de la poudre et de l'arquebuse a été connu, elle a pris le nom de compagnie d'Arquebusiers ; mais que dans aucun temps, ni sous aucun de tous ces noms elle n'a jamais été précédée par la milice, ni jamais été cassée, comme les capitaines de milice qui l'ont été plusieurs fois, et qui par là auroient bien perdu leur préséance s'ils l'avoient eue, qui le sont encore actuellement par la suppression de tous leurs priviléges, qu'ils n'avoient eus, en 1694, qu'a titre onéreux, et par des mo-

tifs qui certainement ne pouvoient leur attribuer aucune préséance, et moins que jamais sur
la compagnie des Arquebusiers de la ville de
Reims, qui est sans contredit la plus nombreuse
et la plus considérable du royaume, qui n'a
jamais obtenu qu'à titre glorieux et honorable
tous les priviléges dont elle a toujours joui, sans
aucune interruption ni suppression, pour récompense de services, qui lui ont été accordez par
lettres patentes de nos rois, et toujours successivement confirmez jusqu'à présent, et qui ayant
toujours esté composée des habitants principaux,
et plus qualifiez et distinguez dans tous les états
de la ville, au nombre de 500, même dans la
noblesse, a toujours été regardée comme la première et la colonelle de toutes les autres.
En sorte que ce seroit un renversement hors de
toute sorte de raison, d'ordre, de règle, de proportion et de subordination, de vouloir qu'une
compagnie de cette distinction fust précédée, et
plus encore qu'elle fust commandée par une milice bourgeoise où, pour quelques personnes de

distinction qu'il s'y pourra trouver, il y aura
cent artisans, la plupart sans discipline et sans
expérience d'aucun usage des armes, et sans au=
cune décoration pour la ville. Ce qui est si vray,
que c'est toujours la compagnie seule des Arquebusiers qui fait, et a toujours fait tout le cérémonial des *Te Deum*, feux de joye, et publications
de paix, où souvent les maire et échevins, pour la
rendre plus nombreuse, ont choisi une vingtaine
d'hommes de chaque compagnie de milice qu'ils
ont incorporez dans celle des arquebusiers, dont
il ne faudroit pas d'autre preuve pour la distinction et la préséance. Et dans les entrées de princes où la milice a été commandée, la compagnie
des Arquebusiers est toujours sortie de la ville
pour aller prendre son poste à un quart de lieuë
au-devant, d'où après avoir reçu et salué le
prince, elle l'a toujours conduit jusqu'à son logis ; de même que, dans les occasions de guerre,
elle a toujours eu le poste le plus avancé, pendant que dans l'un et l'autre cas la milice a toujours gardé les portes de la ville. Et comme dans

toutes ces occasions, qui sont les seules qui peuvent arriver, la milice ne leur a jamais rien disputé, et qu'ils ne demandent que d'être maintenus dans le même usage, la même possession et
le même traitement, ils concluent à ce qu'il nous
plaise de les y conserver conformément au dernier réglement du feu roy, tant en considération
de la distinction de leur compagnie, que des concessions, priviléges, droits, franchises, préséances,
et immunitez, dont tous les roys, depuis son établissement, l'ont toujours successivement hono-
rée, même tout nouvellement par lettres patentes et arrêts contradictoires du conseil royal
de l'année dernière 1714, en faveur des Arquebusiers de Soissons, Laon et Crepy ; et que pour prévenir toute difficulté et tout sujet de nouvelle
contestation, il nous plaise encore de régler que,
dans les occasions où ils seront commandez avec
la milice, tous les chevaliers auront la liberté de
suivre le drapeau de leur compagnie préférable-
ment à celui de la milice, sans que pour cela ils
puissent estre exposez à aucune augmentation de

taille, ni d'aucune autre imposition et amendes dont tous les capitaines de milice les menaçent par le crédit qu'ils ont dans le corps de ville.

C'est sur quoi Nous, après avoir examiné avec beaucoup d'attention, toutes les raisons, les intérests, et les convenans de part et d'autre, tant par rapport aux usages, à la discipline, à la possession et au cérémonial du gouvernement de la ville de Reims, qu'à la distinction de la compagnie des Arquebusiers, et aux priviléges et préséances qui luy ont esté accordez, à la décoration qu'elle fait dans les cérémonies publiques, aux prompts secours dont elle peut toujours estre dans des occasions de surprise, ou d'irruption d'ennemi dans une ville aussi frontière que celle de Reims, et l'avantage qu'il y a pour cette ville d'avoir toujours un corps nombreux de troupes, qu'on peut dire en quelque facon aguerri et expérimenté, toujours en estat de servir, de se soustenir par luy-même, eu égard à sa discipline et à ses facultez, et de se porter partout au premier ordre pour la deffense et seureté de la ville,

sans qu'il luy en couste que quelque exemption
de droit imperceptible, que nos Roys mesmes luy
ont accordée, et où il entretient d'ailleurs un divertissement aussi utile qu'honorable qu'on peut
appeller proprement une école publique, où la
jeunesse de toute sorte d'estats et de conditions
peut, en se réjouissant et s'occupant agréablement,
commencer d'apprendre à s'accoustumer au feu,
s'aguerrir en quelque façon, se former, et même
se perfectionner à l'exercice, dextérité et usage
des armes, et se rendre capable de servir utilement l'Estat et la patrie ; — par toutes ces considé-
rations, bien loin de juger que la ville ait aucune
raison de vouloir avilir et détruire cette compagnie, nous trouvons au contraire qu'elle n'a point
d'intérest plus loüable et plus heureux que de
la maintenir, et de la décorer de tous les honneurs et avantages possibles, non-seulement
pour en perpétuer l'establissement, mais encore
pour y augmenter de plus en plus l'émulation et
la bonne discipline, et en faire enfin une espèce
de cohorte prétorienne et favorite qui rappelle et

représente l'ancienneté du gouvernement, en la choisissant dans ces mesmes familles patriciennes où messieurs les maire et échevins choisissent les capitaines de la milice, et ce d'autant mieux que cette compagnie, qui doit estre regardée comme la compagnie des grenadiers de tout le corps de la milice bourgeoise, n'est ni moins soumise ni moins dépendante, ni moins subordonnée à l'authorité des maire et échevins, que la milice bourgeoise, et qu'elle est toujours en estat de leur rendre plus d'honneur et plus de service, et plus diligemment que la milice, qui par son peu de facultez et d'expérience au fait des armes, ne peut se mouvoir qu'avec beaucoup de temps et de difficultez, et même avec une utilité, un service médiocre.

C'est pourquoi nous ordonnons, sous le bon plaisir de Sa Majesté et de monseigneur le Régent, que le dernier réglement qu'il a plu au feu roy de faire en faveur des Arquebusiers des provinces de Champagne et Brie sera exécuté dans toute leur étendue, selon sa forme et teneur.

Mais néanmoins, comme le bien de la paix est toujours et partout préférable à tous les autres, et qu'il est toujours de la prudence et de la sagesse d'un bon gouvernement de conserver tous les usages, les possessions et les coustumes qui peuvent concilier les cœurs et les esprits, et maintenir l'union et la bonne intelligence parmi les citoyens et des compatriotes, nous ordonnons, toujours sous le bon plaisir de Sa Majesté et de monseigneur le Régent que, comme à la faveur de ce réglement, la compagnie des Arquebusiers a déclaré qu'elle ne prétend aucune innovation, ni augmentation à tout le traitement qu'elle a toujours receu jusqu'à présent de messieurs les maire et échevins, messieurs les maire et échevins ne pourront non plus prétendre à la faveur de l'exception qu'ils demandent de diminuer, innover, ni retrancher en quelque façon que ce puisse être aucune de toutes les grâces, gratifications, usages, honneurs, postes et traitemens qu'ils ont accordez à la compagnie des Arquebusiers, qui lui demeureront acquis, fixes et certains, en vertu, etc.; conformément au dernier réglement du feu Roy, avec, néanmoins, toute la soumission, dépendance et subordination qu'ils doivent à messieurs les maire et échevins, scavoir : que la compagnie des Arquebusiers continuera toujours à faire seule, comme elle l'a toujours fait, le cérémonial des *Te Deum*, feux de joye et publication de paix, avec la même augmentation de vingt hommes de chaque compagnie de milice incorporez dans celle des Arquebusiers, toutes les fois que messieurs les maire et échevins le jugeront à propos, et qu'ils seront choisis convenables à la compagnie;

Que lors des entrées des princes et grands seigneurs, la compagnie d'arquebusiers sortira toujours de la ville pour aller prendre son poste à la distance d'un quart de lieue, et de là reconduire le prince jusqu'à son logis, comme elle a toujours accoustumé de faire pendant que la milice garde la porte de la ville.

Qu'en cas d'irruption d'ennemis, la compagnie d'Arquebusiers aura toujours le poste le

plus avancé, comme elle l'a toujours eu et occupé, et en dernier lieu au passage de Growesten,
où, suivant les attestations les plus authentiques
et plus dignes de foi qui nous ont esté produites,
cette compagnie s'est comportée avec tout le zèle,
le bon ordre et l'approbation qui se peut désirer.

Que dans la marche des publications de paix,
cette compagnie sera toujours, comme elle a
toujours esté, à la teste du conseil de ville, et
dans le même ordre.

Qu'on continuera toujours à leur donner la
mesme somme qui leur a toujours esté donnée
aux *Te Deum*, feux de joye et publication de paix,
pour les dédommager de la poudre, de laquelle
somme il leur sera permis de faire un prix pour
être tiré par tous les chevaliers qui se seront
trouvés sous le drapeau à la cérémonie, après en
avoir néanmoins déduit la part des vingt hommes
de milice qui y auront estez incorporez, qui leur
sera délivrée.

Que les vins de présent leur seront toujours
envoyez comme à l'ordinaire.

Qu'en cas de guerre et dans toutes les occasions où la compagnie des arquebusiers sera commandée avec la milice, tous les chevaliers auront la liberté de suivre le drapeau de leur compagnie, ou celui de la milice, à leur choix, sans qu'ils puissent être contrains à suivre plutôt l'un que l'autre, en quelque façon que ce puisse estre.

Et enfin que la compagnie et ses officiers jouiront toujours, comme ils ont toujours joui, de tous les priviléges et immunitez qui leur ont été accordés par lettres patentes, réglements et arrêts du conseil de nos rois, depuis leur établissement, conformément au dernier réglement du feu Roy et aux lettres patentes et arrêts contradictoires rendus l'année dernière en faveur des arquebusiers de Soissons, Laon et Crepy.

Fait à Paris, ce cinquième décembre mil sept cent quinze.

Signé : HERCULES DE ROHAN.

Le conseil de ville enregistra ce document le

27 juillet ; mais nonobstant il en appela au Conseil d'Etat qui, maintint la décision de M. de Rohan par un arrêt du 30 novembre 1716, lequel doit également trouver sa place ici :

« Veu par le roy étant en son conseil la requête présentée en icelui par les maire, échevins et officiers du corps de ville de Reims : Contenant que la préséance accordée aux compagnies des Arquebusiers des provinces de Champagne et Brie, par le réglement du 26 janvier 1715, sur les officiers de milice bourgeoise, est contraire à l'usage et au gouvernement particulier de la dite ville ; qu'elle troublerait absolument l'ancien ordre et le cérémonial ; qu'elle est contraire à l'établissement des Arquebusiers, à l'autorité des maire et échevins et à la possession honorifique de tous les officiers aggrégez pour la discipline et le service du port d'armes, au corps de ville et du gouvernement ; que l'établissement de la compagnie des Arquebusiers a été fait en 1537, sous une parfaite soumission et dépendance des officiers du corps de ville, qui on le gouvernement particulier de ladite ville, dans lequel ils ont été maintenus contre les sieurs marquis de Rothelin et le baron du Tout, qui avaient obtenu des provisions de gouverneurs particuliers de la dite ville. Cette soumission est parfaitement prouvée par les statuts qui ont été donnez à cette compagnie par le corps de ville en 1654, qui a bien voulu leur accorder un droit de près de trois mille livres, à prendre sur les octrois de la dite ville. Cette même compagnie ne peut s'asembler sans la permission du maire. Les contestations sur leur discipline, la validité de leurs élections, et le serment de leurs officiers, sont portées devant les maire et échevins. Celui qui a abattu l'oiseau le présente au maire et fait le serment ordinaire entre ses mains, et dans les cérémonies publiques, entrées de princes et autres occasions, ils ne servent que quand ils y sont appellez par les maire et éche-vins. Le prétexte de leur création étoit la défense de la ville, sous les ordres du maire, mais il n'a eu d'autres effets que de former leur exercice en

un simple jeu ; c'est même le titre de l'institution et des statuts de cette compagnie, qui a dé-
généré en assemblées de buvettes et de brelans,
dont il s'est ensuivi des évènements et des dé-
sordres si fâcheux, que souvent les bourgeois en
ont sollicité la suppression, pour éviter la ruine
des familles et remettre la tranquillité. Il est vray
que quelques personnes de considération y sont
agrégées, mais elles n'y font aucun exercice ;
ces motifs avaient même engagé les maire et échevins à leur suppression, sans que leur indulgence
äit prévalu, et ils s'étoient d'abord imaginez que
cette compagnie étant ainsi mal réglée, elle s'a-
néantirait d'elle-même, comme il est arrivé de
celle des Arbalestriers. Il n'y a eu que le réglement de 1715 qui ait fait croire à quelques-uns
d'eulx que le temps étoit venu de secouer le joug
de l'Hôtel-de-Ville, les plus sages cependant ont
toujours bien pensé qu'il ne falloit pas s'en prévaloir, jusqu'à ce que Sa Majesté se fût expliquée
en connaissance de cause sur l'exception nécessaire et convenable à la dite ville de Reims, par

plusieurs raisons, qui sont : Que le gouvernement particulier appartient aux officiers de l'hôtel de ville ; que le maire est de droit colonel de la milice bourgeoise ; que les officiers de cette milice sont agrégez au corps de ville ; qu'ils sont choisis entre les officiers de la dite ville et dans les familles patriciennes, et qu'ils ne font qu'un même corps avec les officiers de l'hôtel de ville, ce qui détruit la prétention de préséance des dits Arquebusiers sur la milice bourgeoise, autrement ils l'auroient sur le maire, par la seule raison que le corps de ville, dont ces officiers sont membres, est indivisible ; joint à cela que les officiers de la milice bourgeoise sont aussi anciens que le gouvernement de la ville, au lieu que, dans les autres villes, ils sont de création nouvelle ; que non-seulement les capitaines de bourgeoisie ont été de tout temps reconnus par les bourgeois comme leurs chefs, mais qu'ils ont encore la possession pour la préséance, qu'eux seuls ont droit de commander les bourgeois, et que c'est une obligation municipale établie de tout temps.

Cela est si vray que l'Arquebusier qui seroit commandé en même temps au drapeau de la bourgeoisie et à celui de l'Arquebuse, n'auroit point de choix à faire et serait obligé d'obéir au premier sous peine d'amende, parce que d'un côté c'est un devoir indispensable, et que de l'autre ce n'est qu'un jeu ; enfin que les Arquebusiers n'ont jamais été commandez que par des bourgeois qui sont naturellement soumis, et doivent obéir au gouvernement de la ville, et par conséquent ne peuvent prétendre à la préséance.

» Requeroient à ces causes qu'il plût à Sa Majesté, eu égard à l'ancienne discipline, à l'usage inviolable et à la possession immémoriale de leur gouvernement, dans laquelle ils ont toujours été maintenus, les excepter du règlement fait par le feu roy, pour les autres villes de la Champagne, et, en conséquence, maintenir les capitaines de la milice bourgeoise, comme officiers du corps et du gouvernement de la ville, non-seulement dans le droit et la possession où ils sont de tout temps de précéder la compagnie des Arquebusiers dans toutes les cérémonies publiques et occasions militaires, mais encore de la commander en cas d'absence du maire et des autres officiers du corps et du gouvernement de la ville.

» La requeste présentée par la compagnie des Arquebusiers de ladite ville de Reims servant de réponse à celle desdits officiers : contenant que leur compagnie est la plus nombreuse et la plus célèbre du royaume, composée de toutes les personnes du premier rang de la ville, de plusieurs gentilshommes et officiers des troupes ; qu'ils ont toujours été considérés par les maires et officiers de ville avec distinction ; qu'il n'y a eu que le règlement fait par le feu roy en faveur des suplians, qui ait donné de la jalousie aux maire et échevins, et qui leur ait mis dans l'esprit de vouloir les anéantir pour faire plaisir aux capitaines de la bourgeoisie qui sont leurs parents.

» Les officiers de ville s'efforcent d'insinuer que les officiers de milice bourgeoise font partie du corps de ville et voudroient, par ce raisonnement, leur faire avoir la préséance sur les Arquebusiers, ce qui seroit contre l'usage qui a toujours été pratiqué, et qui vient d'être confirmé en faveur des Arquebusiers de Soissons, Laon et Crespy, contre les capitaines de milice desdites villes, qui sont de même création que ceux de Reims, et qui jouissent des mêmes honneurs et priviléges ; et la preuve que les capitaines de milice ne sont point du corps de ville, et qu'ils n'assistent jamais aux délibérations du Conseil de ville, ny à toutes autres cérémonies. Il est vrai que dans les cérémonies publiques ils y sont appelez, mais la compagnie des Arquebusiers, dans la marche, est à la teste, ensuite le maire précédé de ses gardes et suivi du corps de ville; après suivent, à quelque distance, les officiers de milice bourgeoise. Les mêmes cérémonies se pratiquent dans les autres villes; c'est une possession de temps immémorial dont les Arquebusiers ont joui, sous le nom d'Archers, en premier lieu, et ensuite sous celui d'Arbalestriers. Jamais les capitaines de milice bourgeoise n'ont commandez les officiers de l'Arquebuse, ils aimeroient mieux souffrir leur anéantissement que d'y être soumis, après avoir toujours occupé les postes d'honneur en temps de guerre et dans les entrées des rois et princes; leur institution est militaire pour former les jeunes gens à l'exercice des armes, et ils ont toujours été confirmez par les rois prédécesseurs de Sa Majesté; ce seroit un avilissement pour leur compagnie de n'avoir pas la préséance, pendant que leurs confrères en jouissent dans les autres villes, d'autant plus qu'ils ont donné des preuves de leur zèle dans les occasions qui se sont présentées, et entr'autres, dans la dernière irruption, en 1712, où ils se présentèrent les premiers et engagèrent le maire à les commander, ce que la milice bourgeoise ne se mit point en état de faire; enfin, quand les officiers de milice bourgeoise feroient partie du corps de ville, ce qui n'est point, il ne s'en suivroit pas qu'ils deussent précéder les suplians; c'est aussi ce qui n'est jamais arrivé, la milice ne leur ayant point disputé la préséance.

» Requeroient, à ces causes, qu'il plust à Sa Ma-

jesté ordonner que le règlement fait par le feu
roy le 26 janvier 1715 et l'ordonnance du sieur
prince de Rohan, du 5 décembre de la même
année, seront exécutez selon leur forme et teneur, et, en conséquence, les maintenir et conserver dans la possession dans laquelle ils sont ;
qu'à cet effet ils jouiront des concessions, priviléges, droits, franchises, préséances et immunitez
dont tous les rois prédécesseurs de Sa Majesté les
ont toujours honorez successivement depuis leur
établissement.

Veu aussi, par Sa Majesté, le règlement général fait par le feu roy, le 26 janvier 1715, par lequel, pour les motifs y contenus, le pas, la préséance et tous les autres postes d'honneur auroient été accordez aux compagnies des Arquebusiers sur celles de la milice bourgeoise, non-
seulement dans toutes les cérémonies publiques,
mais encore dans toutes les occasions militaires;
l'ordonnance du sieur prince de Rohan, du 5
décembre 1715, par laquelle il est porté que le
feu roy luy ayant adressé le règlement dudit jour

26 janvier 1715, avec ordre de le faire exécuter, ledit sieur prince de Rohan en auroit envoyé des exemplaires dans toutes les principales villes de son gouvernement de Champagne et Brie, tant aux chefs de compagnies d'Arquebusiers, qu'aux maire et échevins de la ville de Reims et des autres villes, pour le faire publier, afficher et registrer ; que les sieurs maire et échevins de ladite ville de Reims, au lieu de commencer à exécuter ledit règlement, sauf leurs remontrances, lui auroient député deux officiers, l'un du corps de la ville, et l'autre de la milice bourgeoise, pour lui représenter leurs raisons de distinction et de préférence sur toutes les autres villes de la province, au sujet du pas et de la préséance qu'ils prétendoient estre dus auxdits officiers de milice bourgeoise ; que de la part des Arquebusiers de la dite ville, il lui auroit esté représenté qu'ils n'ont jamais eu intention de se prévaloir dudit règlement fait en leur faveur, pour se soustraire à l'autorité et à la subordination des sieurs lieutenant, maire, échevins et gens du Conseil de

ladite ville de Reims, et qu'au moyen de cette déclaration, ils étoient tout d'un coup hors de toute
sorte d'intérêt sur l'ancienne discipline, l'usage
inviolable, la possession immémoriale et le cérémonial de leur gouvernement, qui ne leur servoit
plus que de prétexte pour favoriser les capitaines
de milice ; que tout l'avantage qu'ils prétendoient
tirer de ce dernier règlement n'étoit que de se
maintenir dans la possession des mêmes traitements qu'ils avoient reçu du corps de ville, sans
aucune novation, diminution ny augmentation ;
et que comme ils n'avoient jamais été précédez
ny commandez par les capitaines de la milice
bourgeoise, ils ne pussent pas l'être à l'avenir.
Sur quoy, ledit sieur, prince de Rohan, après
avoir vu les mémoires respectifs, auroit ordonné,
sous le bon plaisir de Sa Majesté et de Monsieur
le Régent, que le dernier règlement, fait par le
feu roy en faveur des Arquebusiers des provinces
de Champagne et Brie, seroit exécuté dans
toute son étendue, selon sa forme et teneur, et
que, pour entretenir la paix, conserver tous les

usages, les possessions et les coutumes, il ne seroit rien diminué, innové, ny retranché en aucune façon, de toutes les grâces, gratifications,
usages, honneurs, postes et traitements accordez
par la ville à la compagnie des Arquebusiers, qui
lui demeureroient acquis, fixes et certains, en
vertu et conformément audit règlement ; avec
néanmoins toute la soumission, dépendance èt
subordination qu'ils doivent aux sieurs maire et
échevins, sçavoir : que la compagnie des Arquebusiers continuera toujours à faire seule, comme
elle l'a toujours fait, le cérémonial des Te Deum,
feux de joye et publications de paix, avec la même
augmentation de vingt hommes de chaque compagnie de milice incorporez dans celle des Arquebusiers, toutes les fois que les sieurs maire et
échevins le jugeront à propos, et qu'ils seront
choisis convenables à la compagnie. Que lors des
entrées des princes et grands seigneurs, la compagnie des Arquebusiers sortira toujours de la
ville pour aller prendre son poste à la distance
d'un quart de lieue, et de là reconduire le prince

jusqu'à son logis, comme elle a toujours accoutumé de faire, pendant que la milice garde la porte de la ville. Qu'en cas d'irruption d'ennemis, la compagnie des Arquebusiers aura toujours le poste le plus avancé, comme elle l'a toujours eu et occupé, et en dernier lieu, au passage de Grovestin, où suivant les attestations les plus authentiques et plus dignes de foy qui ont été produites, cette compagnie s'est comportée avec tout le zèle, le bon ordre et l'approbation qui se peut désirer. Que, dans la marche des publications de paix, cette compagnie sera toujours, comme elle a toujours été, à la tête du Conseil de ville, et dans le même ordre. Qu'on continuera toujours à leur donner la même somme qui leur a toujours été donnée aux *Te Deum*, feux de joye et publications de paix, pour les dédommager de la poudre, de laquelle somme, il leur sera permis de faire un prix pour être tiré par tous les chevaliers qui se seront trouvez sous le drapeau à la cérémonie, après avoir néanmoins déduit la part des vingt hommes de milice qui y auront été incorporez, qui leur sera délivrée. Que les vins de présens leur seront toujours envoyez comme à l'ordinaire. Qu'en cas de guerre et dans toutes les occasions où la compagnie des Arquebusiers sera commandée avec la milice, tous les chevaliers auront la liberté de suivre le drapeau de leur compagnie ou celui de la milice, à leur choix, sans qu'ils puissent être contraints à suivre plutôt l'un que l'autre, en quelque façon que ce puisse être. Et enfin que la compagnie et les officiers jouiront toujours, comme ils ont toujours joui, de tous les priviléges et immunitez qui leur ont été accordées par lettres patentes, règlemens et arrêts du Conseil, depuis leur établissement, conformément au dernier règlement du feu roy, et aux lettres patentes et arrêts contradictoires rendus l'année précédente en faveur des Arquebusiers de Soissons, Laon et Crespy, ladite ordonnance, datée du cinquième décembre mil sept cens quinze. Signé : Hercules de Rohan. « Ouy le rapport, et tout considéré, le roy étant en son conseil, de l'avis de monsieur le duc d'Orléans, régent, a confirmé, autorisé et homologué, confirme, autorise et homologue l'ordonnance, en forme de règlement, faite par le sieur prince de Rohan, gouverneur et lieutenant général pour Sa Majesté, en Champagne et Brie, le cinquième décembre mil sept cens quinze, la quelle sera exécutée de point en point, selon sa forme et teneur, et en conséquence, Sa Majesté a débouté et déboute les maire et échevins, et autres officiers de l'hôtel de ville de Reims, de leurs prétentions. Fait au Conseil d'Etat du roy, Sa Majesté y étant, tenu à Paris le trentième novembre mil sept cent seize. Signé : Phelypeaux, avec paraphe. »

On comprend facilement que l'harmonie fut singulièrement troublée entre la compagnie du noble jeu de l'Arquebuse et le Conseil de ville. Celui-ci accueillit avec empressement les plaintes d'un sergent de la compagnie, pour une question de prix, et essaya d'en grossir les proportions. Le duc de Rohan intervint encore et promulgua en jugeant le différend, ce nouveau règlement :

HERCULES MÉRIADEC

PRINCE DE ROHAN, DE MAUBUISSON ET DE SOUBISE,

DUC DE ROHAN-ROHAN, PAIR DE FRANCE, etc.

« Sur les différends qui se sont élevez entre messieurs du Conseil de la ville de Reims, d'une part, et messieurs les officiers et compagnies des chevaliers de l'Arquebuse de la même ville, d'autre, au sujet d'un prix prétendu gagné par le sieur Bossonnet, sergent de ladite compagnie, à qui lesdits officiers ne l'auroient pas voulu délivrer, parce qu'il n'étoit pas dans le cas de pouvoir l'obtenir, n'aïant pas porté les armes à l'assemblée de ladite compagnie, comme il y étoit obligé par une conclusion de la compagnie du 23 may 1690, portant que tous chevaliers qui n'auroient pas atteint l'âge de cinquante-cinq ans ne pourroient se dispenser de porter les armes dans toutes les assemblées, à peine d'interdiction et de privation de tous les honneurs et les avantages de la compagnie ; laquelle conclusion n'aïant pas été enregistrée au greffe de l'hôtel de ville,

auroit donné à Messieurs du Conseil (sous prétexte de n'en avoir pas eu de connaissance) de
réformer le jugement desdits officiers de la compagnie de l'Arquebuse, et d'adjuger le prix audit
Bossonnet, conformément aux anciens statuts de
ladite compagnie, où il est porté qu'il suffit d'a-
voir cinquante ans pour estre dispensé de porter
les armes, en sorte que ledit Bossonnet, aïant
cinquante-un ans, se trouvoit ainsi dans le cas
de la dispense par les anciens statuts, et le jugement de Messieurs du Conseil bien et légitime-
ment rendu, si ladite conclusion n'en avoit pas
étendu la disposition à cet égard jusqu'à cinquante-cinq ans; ce qui aïant obligé Messieurs
du Conseil à déposer ledit prix à leur greffe,
jusqu'à ce que nous en eussions ordonné : Nous,
pour faire cesser et prévenir autant que nous
le pourrons toutes sortes de contestations à ce
sujet, nous avons trouvé à propos de faire le règlement cy-après :

I.

« Que toutes les conclusions importantes, soit

pour déroger ou perfectionner les anciens règlements, seront enregistrées au greffe de l'hôtel de ville, à peine de nullité, et que toutes celles qui ont esté prises jusqu'à présent demeureront confirmées, sans qu'il soit nécessaire de les faire enregistrer.

II.

» Que toutes les contestations qui arriveront dans le jardin ou dans les assemblées, soit au sujet de la discipline et de la subordination, soit au sujet des exercices de ladite compagnie, seront militairement jugées sans appel par les officiers de ladite compagnie, et de l'avis de six chevaliers qui, à cet effet, seront nommez tous les ans à la pluralité des voix, dans une assemblée généralle de la compagnie, où Monsieur le Lieutenant de la ville présidera si bon lui semble, sinon il sera toujours passé outre à ladite nomination.

III.

» Que les contestations qui arriveront au sujet de la délivrance des prix et des querelles

entre les officiers, seront militairement jugées
par ceux des officiers qui n'y seront pas parties,
et par lesdits six chevaliers nommez annuellement, dans une assemblée générale, avec faculté,
à ceux qui n'en seront pas contens, de pouvoir
en porter leurs appellations devant Messieurs du
Conseil de ville, à condition que, s'ils trouvent que le Conseil n'ait pas rendu justice ou
qu'il ait contrevenu à leurs statuts ou à quelque conclusion enregistrée au greffe de la ville,
lesdits officiers pourront en appeler devant Nous,
pour en ordonner comme nous le jugerons à
propos.

IV.

» Que le prix prétendu gagné par ledit Bossonnet sera délivré conformément au jugement
des officiers de l'Arquebuse, attendu qu'ils ont
jugé suivant leur conclusion, que ledit Bossonnet n'a pu ignorer.

V.

» Que, pour prévenir toute pareille contestation au sujet de la délivrance des prix, il sera

affiché à un poteau, près de la barrière, une ordonnance de nous, portant deffenses à tous chevaliers de tirer lorsqu'ils n'auront pas porté les
armes à l'assemblée, à moins de dispense légitime, à peine d'être exclus pendant l'année entière de tous les honneurs et avantages de la compagnie.

VI.

» Que, sous les mêmes peines, il sera def-
fendu à tous chevaliers de tirer dans les rues et
ailleurs que dans les saluës généralles, et ce pour
la première fois, et en cas de récidive, ils seront
congédiez absolument.

VII.

» Que les capitaines de la milice bourgeoise
qui sont chevaliers et qui n'auront pas porté les
armes à l'assemblée, à moins d'excuse légitime,
ne pourront tirer aucun prix, non plus que les
autres chevaliers.

VIII.

» Que le roy ne pourra jamais présider à

aucune assemblée et sera toujours précédé d'un officier dans les marches de la compagnie.

IX.

» Que les officiers de l'Arquebuse seront appelez dans toutes les assemblées du Conseil de ville où l'on appellera les capitaines de la milice bourgeoise, soit pour la communication et exécution de nos ordres ou de ceux du roy pour fonctions militaires, et y tiendront le même rang et préséance que Sa Majesté leur a donnés sur la milice bourgeoise.

X.

» Que la compagnie sera reformée par Nous, comme nous le jugerons à propos sur l'état qui nous en sera remis ; que les droits d'entrée seront rendus à ceux qui seront réformez, que doresnavant il n'y sera reçu aucun artisan mécanique, et que le droit d'entrée sera de 30 livres et celui de sortie de 10 livres, pour rembourser ceux qui seront réformez, au lieu de 20 livres qu'on a donné jusqu'à présent.

XI.

» Qu'aucun chevalier ne pourra avoir voix délibérative pour l'élection des officiers, à moins qu'il soit reçu un mois avant la mort de ceux qu'il s'agira de remplacer

XII.

» Et quant à la gratification que Messieurs du Conseil de ville ont accoutumé de faire à la compagnie lorsqu'elle s'assemble pour des cérémonies publiques, nous les exhortons de vouloir bien lui continuer ces marques de leur libéralité et de leur satisfaction à proportion du nombre des chevaliers qui se trouveront sous le drapeau aux dites cérémonies.

» Nous ordonnons que le présent règlement sera enregistré au greffe de l'hôtel de ville.

» Fait à Paris, ce 26 février 1720.

Hercules de ROHAN.

Par Son Altesse :

Lamothe.

Cette ordonnance ralluma la querelle ; on se

plaignit hautement de cette exclusion prononcée contre les artisans. Le capitaine en chef Favart étant venu à mourir, le prince de Soubise, suivant l'usage, nomma le capitaine-lieutenant Lequeux capitaine en chef. Comme ce dernier était son partisan dévoué, on redoubla les plaintes et on réclama contre ce choix, cependant parfaitement régulier. Le prince écrivit, le 29 mai, qu'il s'en remettait « à la sagesse du Conseil pour choi-
» sir le parti à prendre pour la nomination du
» sieur Lequeux, s'en remettant à son honneur,
» à sa conscience et ne voulant rien innover. »
Elle fut lue dans une séance du Conseil, tenue extraordinairement le 31, et le lendemain la compagnie s'assembla ; il y avait deux cents chevaliers. La réunion fut longue, animée, bruyante. Doré, ancien roi, et Forest, ancien sergent, formulèrent leur opposition contre le choix de Lequeux, lurent des mémoires auxquels on repondit ; quatre députés furent élus par chaque parti pour trancher le différend. Deux séances eurent lieu sans résultat, et le 7 le Conseil de ville, tout

en reconnaissant les droits de Lequeux, constata
que son maintien écarterait les trois quarts des
chevaliers, et, soumettant la question à M. de
Soubise, le pria de décider. Le 15, le prince répondit qu'il fallait reformer la compagnie, afin de
rétablir la paix et la discipline, et qu'autrement
il la casserait. Le Conseil entendit la lecture de
cette pièce le 17 et décida d'en écrire respectueu-
sement au prince la lettre suivante :

« Monseigneur,

» Nous avons reçu avec respect les nouveaux
ordres qu'il a plu à Votre Altesse de nous
adresser, et nous sommes très-sensibles à la satisfaction qu'il paroit qu'elle a de nostre con-
duitte ; nous la prions très-humblement d'estre
persuadée que nous ne négligerons rien pour
nous rendre dignes de la confiance dont elle nous
honore ; c'est pour y répondre dans les vues
qu'elle a pour le rétablissement de la compagnie
de l'Arquebuse, que nous prenons la liberté de
luy faire nos très-humbles remontrances sur la
reforme qu'elle nous ordonne d'y faire.

» Il seroit à désirer que l'on pût ménager, dans cette reforme, et la compagnie et le seul officier qui luy reste ; mais nous trouvons si peu de disposition à cette conciliation et tant d'inconvénients à commencer par la reforme, que nous manquerions à cette sagesse que Vostre Altesse a la bonté de trouver dans nostre procès-verbal, si nous les dissimulions à ses attentions.

» Nous avons l'honneur d'observer à Votre Altesse que ceste compagnie a toujours esté composée, comme elle l'est aujourd'huy, de bourgeois aysés, tous gens de différentes professions, dont les médiocres sont les plus assidus dans les jours de montre, les bourgeois plus notables s'y trouvant très-rarement.

» Il paroist, par la liste de la reforme, qu'elle a esté plustost l'ouvrage du ressentiment des affaires que l'effet de leur attention pour la bonne discipline, les chevaliers qui y sont compris estant gens réglés et irréprochables, tels que les deux députés qui ont eu l'honneur de paroistre devant Vostre Altesse. Ceste réforme avoit tellement aigri les esprits de ceste compagnie que, sans la dernière montre qu'elle a faite le 10 de ce mois, jour qu'elle a tiré l'oyseau, et auquel elle est ordinairement très-nombreuse, nous avons eu le chagrin de la voir composée seulement de vingt-deux chevaliers sous les armes, tous parens et amis du sieur Lequeux, qui les commandoit ; au lieu que, dans une assemblée qui a esté convoquée dimanche dernier par le nouveau roy, qui y a présidé, il s'y est trouvé près de deux cens chevaliers qui ont fait la nomination du connestable et des auditeurs des comptes, avec cette tranquillité et cette concorde que Votre Altesse souhaite y voir régner.

» C'est dans la parfaite connoissance, Monseigneur, que nous avons de l'état de cette compagnie et dans le désir que nous avons de la conserver, qu'il est de nostre honneur et de nostre conscience de représenter à Votre Altesse qu'une réforme seroit sujecte aux mêmes inconvénients, et nous serions même hors d'état de la faire, n'ayant reçu aucune plainte contre aucun des chevaliers.

» Nous avons lieu d'espérer que si Votre Altesse veut ordonner à cette compagnie de faire choix d'officiers sages et capables de maintenir la bonne discipline, l'on y verra continuer la même concorde, et s'il y arrivoit dans la suite qu'aucun des chevaliers se dérangeât de son devoir, nous croyons que pour lors il sera nécessaire, sur les plaintes qui nous en seront portées par les officiers, d'en faire quelques exemples qui achèveront de remettre le bon ordre que les anciens officiers y avoient si sagement estably et maintenu.

» Ce sont, Monseigneur, les sincères réflexions que nous avons cru devoir exposer à Votre Altesse. Nous les soumettons à ses lumières et à ses ordres, auxquels nous nous ferons toujours gloire d'obéir.

» Nous avons l'honneur d'estre, avec un très-profond respect... »

Le prince, naturellement, répliqua, le 26 juil-

let, par un ordre de se conformer à sa lettre du
15 juin, et, le surlendemain, le lieutenant de
ville se rendit, avec le procureur syndic et le
greffier, à l'hôtel de l'Arquebuse, où la compagnie
avait été convoquée extraordinairement pour lire
ladite lettre, exhorter les chevaliers à la paix
et à nommer Lequeux capitaine en chef. Les chevaliers se déclarèrent prêts à s'y conformer s'il ne
se révélait aucune opposition, en appelant autrement au prince : c'est ce qui eut lieu. M. Lequeux
fut cependant admis le 10 août à prêter au Conseil son serment pour le grade de capitaine-lieutenant, auquel il avait été élu le 8 novembre
précédent ; puis on lut une nouvelle lettre de M.
de Soubise, du 3 août, exigeant sa reconnaissance
comme capitaine-chef, et on chargea le lieutenant
de ville de se transporter à cet effet à l'hôtel de
l'Arquebuse. Ce dernier y présida, à cinq heures
du soir, l'assemblée des chevaliers, dans laquelle
M. Lequeux fut élu et installé. Il prêta son nouveau serment le 12. Le 20, l'état-major de la
compagnie fut complété par l'élection de MM.

Frizon et Cocquebert comme lieutenant et enseigne, à la place de MM. Cocquebert et Favart,
décédés [1].

Mais M. Lequeux n'avait que trop justement
inspiré des inquiétudes, et ce triomphe ne devait
pas corriger ses défauts. Ayant vaincu la résistance de la compagnie et du Conseil, il voulut
devenir complètement maître de celui-ci. Peu de
temps après son installation, il fit prendre par la
compagnie deux conclusions pour refuser au
chevalier Ita la délivrance d'un prix, mais le

1. Voici quel fut le dernier acte de cet incident :

« Ce premier novembre 1722.

» Je vous prie, Messieurs, de vouloir bien faire rendre à
Monsieur Lequeux la minutte des informations que vous
avez faictes contre luy en conséquence d'une lettre que je
vous avois écrite pour vous prier de le nommer capitaine
en chef de l'Arquebuse ; et si la minutte ne peut se dé-
tacher de vos registres, de la faire barrer et biffer de
manière qu'elle ne puisse jamais luy faire la moindre
peine ni estre tirée à aucune conséquence contre luy.

» Je suis, Messieurs, votre très-humble et très-affec-
tueux serviteur.

Signé : le Prince de ROHAN.

Conseil en refusa l'enregistrement sans lequel elles demeuraient nulles : Lequeux n'hésita pas à sommer nos magistrats municipaux par voie d'huissier. « Conclu a été, lit-on dans la séance
» du 19 septembre 1720, que ce procédé est in-
» sulte au Conseil et contre toutes régles de su-
» bordination ; qu'on en écrira au prince de
» Soubise pour se plaindre très-vivement contre
» le procédé du sieur Lequeux, qui, bien loin de
» concourir, avec Messieurs de la Ville, suivant
» les ordres de Son Altesse, à remettre la paix et
» la tranquillité dans la compagnie, s'efforce, au
» contraire, d'y apporter des troubles et des di-
» visions par des *nouveautée* qui ne tendent qn'à
» manifester le dessein qu'il a formé de se sous-
» traire à l'authorité de la ville et le ressenti-
» ment qu'il conserve contre ceux qui ont tra-
» versé sa promotion. » Voici, d'ailleurs, la lettre écrite au prince à cette occasion :

« Monseigneur,

» Nous nous estions flatté que la grâce que vous avez faicte au sieur Lequeux en lui accor-

dant le brevet de capitaine en chef de l'Arquebuse, l'auroit engagé à concourir avec nous
pour achever de rétablir, dans cette compagnie,
la paix et l'union que Votre Altesse souhaiteroit
y voir régner. Mais, bien loin de donner ses attentions pour ce rétablissement, il vient enfin de
manifester le dessein qu'il avoit formé, avec le
sieur Favart, son prédécesseur, de se soustraire
à notre authorité, et le ressentiment qu'il conserve contre les chevaliers qui s'estoient opposés
à sa promotion. C'est dans ces sentiments qu'il a
convoqué, il y a un mois, une assemblée pour
nommer six conseillers sans en avertir M. le lieutenant, qui avoit droit d'y présider, conformément à l'art. 2 de l'ordonnance de Votre Altesse
du 6 février 1728, et que, contre toutes les règles
de la subordination, de l'usage et de la politesse,
il nous a fait faire une sommation le 18 de ce
mois par un huissier, pour ce que nous ayons à
enregistrer en nostre greffe deux conclusions
qui ne sont pas dans le cas de l'enregistrement,
puisqu'il ne s'agit point de déroger aux anciens

règlements ou de les perfectioner suivant l'art. 1
de vostre ordonnance, et il ose, de plus, avancer,
contre toutes vérités, dans cette sommation, que
nous avons fait refus de les enregistrer, quoique
il ne nous les ayt jamais présentées ny déposées
en nostre greffe.

» Ces deux conclusions dont l'une est du 23
juin 1709, concernent un chevalier qui est un de
ceux qui déplaisent audit sienr Lequeux, et c'est
en conséquence de la première qu'il veut le
chasser honteusement de la compagnie, quoy
qu'il ayt esté réhabilité dans le temps par les anciens officiers et que, sous les yeux du sieur Lequeux, il ayt continué d'estre admis dans tous
les exercices et qu'il luy ayt luy-même délivré
plusieurs prix. Tous ces procédés, Monseigneur,
tendent bien plus à remettre le trouble et la di-
vision dans cette compagnie qu'à y rétablir la
paix et la concorde, et nous serions indignes des
bontés dont Votre Altesse nous honnore si nous
n'estions pas sensibles à l'insulte que ledit sieur
Lequeux vient de nous faire en nous faisant cette

injurieuse sommation, que nous prenons la liberté d'envoyer à Votre Altesse ; nous la supplions très-humblement de se souvenir des égards et des ménagemens que nous avons eu pour luy lorsqu'elle nous a fait l'honneur de nous rendre les arbitres de son sort, et de remarquer son peu de reconnoissance, qui nous touche d'autant plus que, ne voulant pas se contenir avec nous comme ses supérieurs, nous ne pouvions pas faire connoistre à Vostre Altesse lès respectueuses attentions que nous avons à suivre ses ordres pour remettre ceste compagnie dans son ancien lustre. Nous espérons de la justice de Vostre Altesse, Monseigneur, qu'elle voudra bien ordonner audit sieur Lequeux de nous faire une réparation proportionnée à l'insulte qu'il vient de nous faire par cette sommation, et le tenir en deffense de troubler la paix que nous nous efforçons de remettre dans cette compagnie, par des nouveautés contraires aux règlement et ordonnance de Votre Altesse. Nous avons l'honneur d'estre avec un très-profond respect, etc. »

Le sieur Ita porta sa plainte, le 23 septembre, au conseil qui ordonna une enquête et rendit, le 25 novembre, un long jugement motivé en faveur du plaignant, jugement qui fut notifié en assemblée extraordinaire, convoquée à l'hôtel de l'Arquebuse. L'année suivante, il y eut un nouveau différend. Le 7 juin, M. Lequeux, après le tir effectué à la porte Cérès, prétendit délivrer l'oiseau au vainqueur, au détriment du lieutenant de ville, se *targuant* de sa charge de lieutenant du roi, nouvellement achetée par lui. Le conseil municipal prit vivement fait et cause pour son premier magistrat et soumit la question au gouverneur général de la province. Ce dernier donna naturellement raison à notre lieutenant de ville, et le conseil refusa de concéder au vainqueur, Jean Charlot, les priviléges du roi annuel, parce qu'il avait eu la faiblesse d'obéir au sieur Lequeux et de refuser de prêter le serment obligatoire au lieutenant de ville.

L'ancienne opposition contre l'exclusion des artisans se manifesta encore à l'occasion du tir du mois de mai 1725. On rappela que Lequeux n'avait été nommé que dans le but de cette mesure, tandis que tous ses officiers étaient de l'avis contraire, et qu'il serait iufiniment préférable de continuer à recevoir tous les candidats de bonne volonté ; le conseil ordonna qu'on procèderait au tir habituel sans rien préjuger (28 mai). La paix semble s'être ensuite rétablie entre les deux compagnies.

Les Arquebusiers de Reims jouissaient de droits assez étendus sur les octrois de la ville. A titre de privilége du roi de l'oiseau, la ville donnait chaque année au vainqueur l'entrée gratuite de quatre-vingts pièces de vin (1). De plus, le capitaine en chef pouvait chaque année, sans payer aucun droit, vendre soixante pièces de vin, le capitaine lieutenant, cinquante, et l'enseigne, quarante (2). La compagnie renonça, en

(1) Géruzez évalue le bénéfice à 100 pistoles.

(2) Le conseil de ville décide que, pendant la vacance de l'enseigne, la compagnie profiterait de ce privilége. (5 novembre 1736).

1746, à l'exemption de ces quarante dernières pièces afin que la ville en affectât le produit aux gages du professeur de dessin et aux frais de l'école, à condition que le professeur paierait à l'avenir une rente de vingt-cinq livres due au collége par l'enseigne de l'arquebusier, et que l'on recevrait gratuitement six élèves dans l'école, choisis par une commission composée des officiers, des deux rois anciens, de deux connétables anciens et deux anciens chevaliers : chacun des capitaines proposait un élève et la compagnie les trois derniers (conclusions des 25 et 28 avril).

Le 2 avril 1770, le conseil consentit également à décharger les Arquebusiers du logement des gens de guerre moyennant l'abandon de vingt des quatre-vingts pièces de vin du roi de l'oiseau et l'engagement que la compagnie compterait toujours cinquante chevaliers bien habillés en uniforme (1).

Cet uniforme se composait d'un habit de drap écalarte à revers blancs, avec le collet et les pare-

(1) Almanach de Reims pour l'année 1768-1769.

ments en velours noir, veste jaune, culotte écalarte, tricorne noir galonné en argent. Les chevaliers commencèrent à le porter en 1728. Le 9 avril, ils le soumirent au conseil de ville, et obtinrent, le 10 mai, une conclusion rendant cet uniforme obligatoire, pour toutes les cérémonies publiques.

En 1558, nous voyons la compagnie mentionnée sur les comptes municipaux pour une somme de 20 livres pour frais de la montre faite de toute la confrérie à leur jardin ; les Arquebusiers recevaient également de la ville, des poudres, chaque fois qu'ils avaient à figurer dans les cérémonies où il y avait des salves à tirer. C'est ainsi qu'ils reçurent 150 à 200 livres, le 11 mars 1606, à raison de 12 livres par homme, pour aller au devant du roi et l'accompagner ; autant le 10 juin 1610 pour le sacre ; encore le 11 novembre pour aller recevoir le roi ; 80 livres encore le 7 juillet, « sans tirer à conséquence, » et ces dons se renouvelèrent souvent. Les Arquebusiers eurent d'ailleurs à prendre fréquemment les armes durant les troubles de la Fronde, qui se firent sentir longtemps dans le Rémois et provoquèrent plusieurs fois dans la ville de fâcheuses collisions. En 1712, lors de l'invasion de Growestein en Champagne, ils furent des premiers à demander au lieutenant des habitants de prendre le commandement pour les mener à l'ennemi ; ils se chargèrent exclusivemenent de garder pendant la nuit le faubourg de Cérès qui était le plus exposé aux attaques des impériaux parvenus au-delà de Suippes et jusque sur les bords de la Vesle et ils firent quotidiennement des reconnaissances pour éclairer la campagne dans un rayon assez éloigné (1). Enfin, le 11 mars 1780, c'est encore la compagnie qui empêcha le pillage des grains à Reims et préserva la ville d'une émeute terrible : elle y gagna l'honneur d'être maintenue la première en tête des

(1) Ils se firent délivrer des certificats par le comte de L'Héry, capitaine royal, par l'archevêque, par l'abbé de Saint-Thiérry, par M. de Sèrancourt, capitaine aux gardes françaises, et par les habitants du faubourg Cérès ; et ils les produisirent dans le procès soutenu en 1715 contre le conseil de ville et contre la milice.

compagnies de milice ou de garde nationale formées depuis, jusqu'à la suppression par décret de l'Assemblée nationale.

Mais les Arquebusiers rémois eurent aussi le mérite d'entretenir à Reims le goût des fêtes somptueuses, des réjouissances populaires, et l'on trouve facilement la preuve de la considération dont ils jouissaient par les dépenses qu'ils faisaient et qui ne s'expliquaient que par la présence au milieu d'eux de tout ce que la ville possédait d'habitants considérables.

Jusque vers le milieu du XVe siècle, les compagnies d'Arbalétriers étaient demeurées absolument indépendantes, sans aucun lien entre elles. Leur nombre allant toujours croissant, elles ne purent échapper à cet esprit d'association sans lequel aucune institution ne prospère réellement. En 1439, un premier concordat fut conclu entre les compagnies de Brie, de Champagne, d'Ile-de-France et de Picardie « pour opérer pour le bien général et d'après les ordres du roi, et pourvoir, dès lors, à l'administration des compagnies par des statuts et des règlements uniformes (1). » Les Arquebusiers observèrent ces règles comme véritables héritiers des Arbalétriers. C'est probablement à dater de ce moment que naquit l'usage de se rassembler de temps à autre dans l'une des villes de ces provinces et de célébrer ces réunions par un tir général; mais nous n'avons aucun renseignement sur ces solennités au XVIᵉ siècle. Les premières manifestations que nous connaissons eurent lieu au mois de juin 1607. Le prix général fut rendu à Reims. Nos Arquebusiers adressèrent à leurs confrères des trois provinces la convocation suivante, datée du bureau de la compagnie des Arquebusiers de Reims, tenue en la salle du jardin dudit lieu.

« Messieurs,

» C'est de tout temps qu'il a esté permis à cha-
» cune nation de se servir de ses armes pour se
» maintenir et conserver contre la force exté-

(1) Mémoires et pièces relatives au prix tiré à Nogent, le 11 septembre 1783; in-8°. Paris, 1783. Il y en a un exemplaire à la Bibliothèque de Reims.

» rieure, voire mesmes de mettre en üsage celles
» avec lesquelles on se pouvoit mieux défendre
» et plus endommager ses ennemis. Ceux aussi
» qui ont esté les autheurs de quelques grands et
» puissants instruments de guerre n'ont pas failly
» de s'immortaliser par les histoires, et d'être
» memes honorez de ceux à qui par la gentil-
» lesse de leur invention ils avoient plus porté
» de dommage. Qui est-ce qui ne sçait le regret
» et fascherie que Luculle *(sic)* receut de la mort
» d'Archimède? encor que par les artifices
» meurtriers par lui inventez il eust fait mou-
» rir grand nombre de ses soldats, et empesché
» luy seul un long temps la prise de Syracuse?
» duquel (au contraire) il n'eust tenu compte si
» ses machines eussent esté de peu d'exécution.
» Ceux-là donc n'ont pas fort bonne raison qui
» tiennent que l'extrême force et violence de
» l'artillerie et de l'arquebuse a esté cause que
» le nom de l'autheur (comme d'un autre Eros-
» trate) a esté recellé et supprimé par les his-
» toires, pour recompense de son invention.

» Aussi, malgré l'envie, ce nom de Berthold
» Schuuartz, cordelier de profession et grand
» philosophe en Allemaigne, est-il parvenu
» iusques à nous, lequel en l'an 1354, rencon-
» tra par hazart la première invention de l'ar-
» tillerie. Il est bien vray que le nom est plus
» ancien que la chose qu'il signifie à présent :
» car noz vieux historiens françois signifient et
» coprennent souz la généralité de ce nom d'ar-
» tilleric, tout l'attiral des catapultes, balistes,
» scorpions, mangoneaux, espringales, et autres
» machines qui servoient au siége des villes, à
» lancer sagettes, pierres et autres traicts. Aussi,
» d'arc et de trait composèrent-ils ce nom d'ar-
» tillerie. Mais aussitost que les Vénitiens eurent
» mis les premiers nostre artillerie moderne en
» usage au siége de la Fosse-Claudienne, ville
» des Génevois, elle entre en si grand crédit à
» cause de ses qualitez propres à la guerre,
» qu'emportant le nom général de toutes ces
» vieilles machines, elle en aboslit en peu de
» temps l'usage, et presques les noms mesmes.

» Quand à Berthold, il luy donna le nom de
» bombarde, d'autant que les Grecs appellent
» *bombos* un son qui bruit et se continue par
» l'air. Quelque cent ans après sa première
» invention, l'artillerie fut reduite par les Ita-
» liens en petit volume et rendue portative et
» maniable pour s'en servir en plaine câpagne,
» au lieu d'arcs et d'arbalestres. Aussi, appellè-
» rent-ils ceste machine racourcie, du nom d'ar-
» quebuse, qui luy est demeuré chez les Fran-
» çois mesmes, et qui ne signifie autre chose
» qu'un arc percé : d'autant qu'elle est creusée
» et pertuisée à la façon d'une canne ou roseau,
» à raison de quoy la principale pièce de l'arque-
» buse a esté appellée de ce mot *canon*. Que si
» l'expérience n'eust faict toucher au doigt les
» grandes exécutions et les effects presques mi-
» raculeux de l'arquebuse, elle n'eust pas faict
» mourir en naissant tant d'autres armes de
» plus grand fardeau et de moindre utilité :
» estant remarquable sur toutes autres, en cela
» que la violence, vistesse, et célérité de ses

» effects ne dépend point de celuy qui la porte,
» mais de sa propre et intérieure vertû. C'est
» assez à qui s'en veut servir, d'avoir l'assu-
» rance, le courage et l'adresse. Elle sera
» autant d'exécution entre les mains du foible
» que du fort. Il ne faut (comme on dit) que
» remuer le doigt, et vous en verrez sortir la
» splendeur de l'esclair, l'éclat du tonnerre, et
» la tempête du foudre. Aussi est-ce un foudre
» artificiel, duquel Salmonée, par ses chariots
» d'airain, n'imita iamais que le bruit, mais non
» la subite clarté et exécution de l'arquebuse,
» qui procède des mesmes ou semblables causes
» que fait le vray et naturel foudre. Car tout
» ainsi que le foudre est fait d'une exhalaison
» chaude et seiche, laquelle estant enclose dans
» le ventre d'une nuée froide et humide, s'en-
» flamme tellement par antipéristase (c'est-à-
» dire opposition de ces causes contraires) que
» ceste exhalaison, contrainte de vuider, crève
» la nüe par bas, et se jette dehors avec un tin-
» tamare si esclatant que la voute du ciel, en

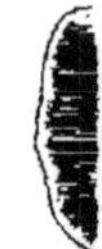

» résonne, les bastiments en tremblent, et les
» courages plus asseurez en frémissent d'hor-
» reur; ainsi les canons, comme fortes et épesses
» nuées, recellent et resserrent dans eux la
» poudre en peu de place, laquelle en un ins-
» tant se tourne toute en feu, veut aussitost
» sortir en un instant et se mettre au large re
» quis à la nature de la flamme; mais ne trou-
» vant qu'une issue bien estroite, elle se préci-
» pite dehors avec telle violence et fracassement,
» que l'air se rompant et divisant pour luy faire
» place, en retentit d'un son effroyable, pous-
» sant impétueusement dehors la balle rendue
» nuisible par la vistesse incompréhensible de
» son mouvement. Ces qualitez et vertuz ayant
» rendu l'arquebuse très utile et nécessaire à
» noz temps, ce n'est merveille si elle est en
» vogue et en crédit entre les gens d'honneur et
» d'entendement en ce royaume françois, auquel
» il semble qu'elle ait receu sa polissure et der-
» nière perfection. Et d'autant que c'est un exer-
» cice propre pour rendre les habitans des villes,

» capables de deffendre (en cas de siége) leurs
» vies, leurs autels, leurs foüyers, femmes et
» familles, noz roys très-chrestiens ont doüé et
» honoré leurs principales villes de beaux privi-
» léges, en faveur de ceux qui aiment et prati-
» quent ceste espèce d'arme. C'est pourquoy
» nostre ville de Reims estant participante, avec
» la vostre, de ces royales faveurs, nous nous
» sommes délibérez, souz les auspices de nostre
» roy très-chrestien et très-victorieux, de pro-
» poser un prix à ceux des villes qui sont ès
» environs de nous, et qui font estat de cest ho-
» norable et utile exercice. Et d'autant que nous
» sçavons que vous ne manquez ny d'adresse et
» dextérité au maniement de l'arquebuse, ny
» de courage au roy et désir d'en faire paroistre
» les effects : nous vous supplions de toute
» nostre affection d'honorer ce prix et nous, de
» vostre présence : et de vous rendre et trans-
» porter en ceste ville, le vingt-quatriesme iour
» du mois de juin prochain, où nous vous ouvri-
» rons le champ de ce combat d'honneur : vous

» asseurant que vous y serez receuz de nous
» avec toute la courtoisie, honneur et bon ac-
» cueil que vous sçauriez attendre de ceux qui
» désirent d'estre à iamais

» Messieurs

» Voz très affectionnez serviteurs, les roy,
» capitaine, lieutenant, enseigne, et chevaliers
» de la compagnie des harquebusiers de Reims.

» Reims, ce 6ᵉ de mars 1607. »

Ensuit l'estat du prix, et la manière qu'il se tirera.

Premier, nul ne pourra estre receu à tirer audit prix, s'il n'est chevalier du dict exercice de la harquebuse, et dont les chefs de chacune compagnie ou des bandes d'icelles seront tenus à fermer avant que tirer.

Pour eviter à beaucoup de difficultez, sera permis à tous chevaliers de tirer l'espée au costé et le poignard : sans toutesfois qu'il soit commis ou fait aucune insolence. Ne sera permis tirer au dict prix sinon que d'harquebuse de guerre, tant à mesche que à roüet, et non d'autres sans haulse, ains à bras estendu : et que les canons ne soient rayez ny vissez au dedans.

Item se tirera le dict prix en six allées ou parties, et à chacune d'icelles gaigneront quatre maistres-prix qui seront acquis aux quatre plus proches coups de la broche de chacune des dictes allées ou parties. Lesquels prix ne se délivreront que en fin des dictes six allées ; et sera délivré à chacun des chevaliers qui auront fait les dicts quatre plus beaux coups un eschantillon d'iceux qui feront à l'instant qu'ils auront esté tirez, registrez au registre du greffe de la dicte compagnie et paraphé par celuy qui aura rapporté l'eschantillon de chacun des dicts coups, pour en fin des dictes six allées et les dicts échantillons rapportez, leur estre à chacun délivrez les ioyaux selon leur mérite.

Si toutes fois il advient qu'un chevalier eust si iustement tiré qu'il plombast la broche en l'une des dictes parties, le maistre-prix lui sera délivré fin d'icelle allée.

S'il advient aussi que les plombs de deux chevaliers eussent entrez en un mesme trou, et que les deux coups se trouvassent esgaux, le prix se partira entre eux deux.

Et pour éviter aux différents des coups qui se pourroient trouver esgaux approchans de la broche, le dessus emportera le dessoubs, et le dessoubs emportera les costés, et les costés les plus haults emporteront les plus bas.

Suit la liste des 24 prix, représentant une valeur totale de 1720 livres, et composés d'objets d'orfévrerie : les six premiers valaient 189, 178, 148, 135, 121 et 108 livres, et consistaient en grands bassins, et le dernier en deux aiguières ; les autres étaient des coupes, des salières, des aiguières et des écuelles.

La fête eut lieu le 23 juin et dura jusqu'au 30 ; il y eut trois cent quatre chevaliers appartenant aux compagnies de Crépy, Châlons, Troyes, Château-Thierry, Soissons, Coulommiers, Epernay, Senlis, Compiègne, Meaux, Saint-Quentin, Creil, Fismes, Mézières, Cormicy, Sézanne.

Le prix eut de nouveau lieu à Reims au mois de juin 1660, et voici en quels termes Oudard-Cocquault en rend compte dans ses mémoires manuscrits [1] :

« Fault dire encore que le 20 juing l'ouverture du prix général, au jardin de l'arquebuse, a esté ouvert pour les jardins des villes de toutes les provinces de Champagne et de Brie, oultre celles de Picardy et d'Ile de France ; plus de 120 villes y ont esté mandées ; seulement 50 à 60 sont venues.

» Le chappistre de nostre grande Eglise, à l'ouverture du dit prix, les a receu en procession dans l'église ; les chanoines revestus de chappes, et puis toutes les villes mandées et présentes y marchoient avec leurs draperies suivant l'ordre du sort jetté ; et puis la messe solennellement dite au grand autel. Ensuite, l'après-midy, la

―――――――

[1] Conservés à la bibliothèque de Reims.

marche générale a esté faiste, a passé à couvert au jardin et passé au bourg de Vesle ; de là au bourg Saint-Denis, et puis aux loges Coquault ; et il y avait tables magnifiques pour rafraischir passant ces messieurs. Le corps du jardin me faist l'honneur de me demander permission, comme propriétaire en partie de ces maisons, de dresser des tables sous les dites loges ; ce qu'ils ont faist par une pure civilité, puisque messieurs les lieutenants et gens du conseil l'approuvaient. De là, par la rue la Couture et Porte-Basée, tirèrent droit au marché et de là à la rue de Tambour et devant l'hôtel de ville. Il y avoit 6 planches qui ont duré 15 jours à tirer et en tout du prix de 12000 livres ou environ. Passons cela.»

Diverses circonstances signalèrent cette solennité et amenèrent bientôt des froissements qui provoquèrent une désunion définitive en 1671. On tira les prix simultanément à Charleville, à Meaux et à Pont-Saint-Maxence. Cette situation pouvait, en se prolongeant, compromettre l'avenir de l'institution, et, à la suite d'assez longues négociations, un concordat, intervenu à Chauny, en 1680, décida que le bouquet changerait successivement de généralité pour passer régulièrement aux trois provinces de Champagne, de Picardie et d'Ile-de-France, dont les compagnies avaient toujours concouru entre elles [1]. La première fête eut Reims pour théâtre. La compagnie, en conséquence, chargea en 1686, le lieutenant des habitants de demander au Conseil de ville « à représenter les bouquets » qu'elle avait reçus aux tirs généraux de Vitry et de Sézanne. Une conclusion du 22 novembre approuva cette proposition et fut suivie d'une

[1] Le prix fut tiré à Chauny et causa un incident à Reims. Les chevaliers de cette ville s'étaient, paraît-il, rendus à Chauny, sans demander préalablement la permission au Conseil. Le 8 juillet, leurs camarades ayant sollicité l'autorisation d'aller les recevoir « en triomphe », car ils rapportaient le premier prix et plusieurs autres, le Conseil décida sèchement que « les particuliers chevaliers rentreraient comme bon leur semblerait, mais sans tambour ni trompette. »

seconde dans le même sens, le 25 février 1687.
Le 22 avril, la Compagnie adressa au Conseil une
requête « demandant très-humblement quelques
fonds et deniers pour subvenir à une partie
des grands frais qu'elle sera obligée de faire au
prix général dont l'ouverture se fera le 15 juin,
tous lesquels frais se monteront à une somme
considérable, tant en réparation, ornement et
embellissement audict jardin et ès bâtiments qui
est présent. » Le Conseil vota une allocation de
mille livres, dont deux cents pour la statue du
roi. Un incident de préséance faillit amener une
assez grande complication. Le marquis d'Olisy,
en qualité de grand sénéchal de Champagne,
prétendit présider la fête et ouvrir le tir à l'exclusion du comte de l'Héry, capitaine royal. Le
maréchal de Turenne en avertit ce dernier, en
l'invitant à se rendre à Paris sans délai. M. d'O-
lisy étant parvenu à donner assez d'importance
à cette affaire pour la faire évoquer au conseil,
au rapport de Colbert de Croissy, M. de l'Héry
en saisit immédiatement le Conseil de ville, qui

protesta vivement, chargea **MM.** Amé et Dallier de dresser le mémoire, et **M.** Richelet de se rendre « en poste » à Paris (6 mai). La ville eut gain de cause.

Le 20 juin au matin, Reims se réveilla au milieu d'une grande agitation et d'une animation inaccoutumée. Les rues par lesquelles devait passer le cortége étaient garnies de tapis et de fleurs aux fenêtres et le long des murs ; le sol était soigneusement sablé ; quarante-deux compagnies avaient répondu à l'appel des Arquebusiers rémois. C'étaient, suivant l'ordre du tableau imprimé, celles de : Bar-sur-Seine, en deux brigades, de chacune quatre chevaliers, commandées par **M.** Bailly, sieur de Mont-Saint-Léger, capitaine en chef, et **N.** Bourbonne, conseiller du roi, capitaine lieutenant ; — de Montdidier, capitaine en chef **M.** Pucelle ; avec quatre chevaliers ; — de Saint-Dizier, en deux brigades : Gillet, capitaine, et Chasuel, roi, onze hommes ; — de Senlis, Huré, seigneur de la Grange, capitaine, sept hommes ;

— de Sézanne, en deux brigades : Chauveau, capitaine, Blanchet enseigne, neuf hommes[1]; — Sainte-Menehould, Dortu capitaine en chef, neuf hommes[2]; — Avenay, Gomé capitaine en chef, huit hommes[3]; — Dormans, deux brigades : Devizet, sieur de Lohan, capitaine en chef, Devizet. sieur de Lauge, enseigne, huit hommes[4]; — Rethel, deux brigades : Durand capitaine en chef, Landragin capitaine-lieutenant, quinze

[1] Huguer, Rivot, Galien, Ducreux, Allart, Houlier, Rivot, Louvart, Petit.

[2] Coulommiers, enseigne ; Vauthier. sergent ; Guillaume, Jossier, Coulommier jeune, Vautier jeune. Piot, Regnard, Migeot.

[3] MM. de Lespine, capitaine-lieutenant ; de Corvizart, seigneur de Fleury, Guimbert, Yvernel de Beaulieu, Yvernel de Caribery. Gomé jeune, de Lespine jeune, Le Baigue de la Fontaine.

[4] Mirgaut, de Miramont, Autreaux, sieur de Vigneux, Deschamps de Marcongny, comte des Rieux, Crocher de la Grange-aux-Bois, Pilloys de Feuillet, Geoffroy de Champavin, Boileau du Châtelet.

hommes ; — Liesse, Moreau, enseigne seul ; —
Epernay, Parchappe capitaine, dix hommes[1] ;
— Chauny, deux brigades : Guillaume, capitaine
en chef, Belin, roi, quinze hommes ; -- Montmi-
rail, Morot capitaine en chef, cinq hommes[2] ; —
Vitry, deux brigades : Gabé capitaine en chef,
Jacobé capitaine lieutenant, dix-neuf hommes[3] ;
— Nogent-sur-Seine, Massey enseigne, un che-
valier ; — Châlons, Gayet, sieur de Plagny,

[1] Parchappe de Fresnes, Geoffroy des Essarts, Tre-
meau de Franville, Lepreux de Saussey. Bertin du Ro-
cheret, Brunet de Montigny, Allan de Haute-Fontaine.
Charuel du Breuil, Collet du Chesne, Lepreux de Saint-
Georges, enseigne.

[2] Perot, sieur de Molincourt, enseigne ; Durouveau,
Farou, Naudet-Prévot, de Labre, sieur des Coque-
tons.

[3] Guillaume, Tixerand, Deroziers, Lefèvre, Moreau.
Senet, Guillaume, Thion, Gulot, Cottedefert, deux Jac-
quemart, Beschefer, Poignant, Gérard, Pérard, Le Maire
et Vannel.

capitaine en chef[1], dix chevaliers ; — la Ferté-
Millon, de Saux lieutenant, cinq chevaliers ; —
Laon, Marteau capitaine, dix chevaliers ; — Compiègne, du But capitaine, dix chevaliers ; —
Villenauxe, Graffaut capitaine, huit chevaliers ;
— La Ferté-Gaucher, de Corbillon capitaine en
chef, trois chevaliers ; — Crépy, Mengin major,
onze chevaliers ; — Mézières, Tonvoy capitaine,
quatorze chevaliers ; — Noyon, Sezille capitaine,
douze chevaliers ; — Fismes, Arlaut capitaine
en chef, neuf chevaliers[2] ; — Vertus, Ploix
lieutenant et roi, onze chevaliers[3] ; — la Ferté-

[1] Michel, contrôleur-général de la maréchaussée,
lieutenant ; Dubois, roi ; Adnet et Guyot, trésoriers ;
Adnet, sergent ; Picard, Broq. écuyer ; Strapart, de
Villers, Hutier de Saint-Louis.

[2] Billet, enseigne ; Pillois, roi ; Billet de Lisles,
Dubois-Lambert, Blétry de la Courbauche, baron de la
Grenouillère, Carpreau des Chailleaux, Thubé la Li-
gnière, Haveau-Dourq.

[3] Le Maître, enseigne ; Filcart, Le Seurre, Pascal, Ca-
zin, Deus, Legrand, Chanlaire, Châtillon, Dupuy, Toupet.

10

au-Col, Musnier capitaine en chef, quatre chevaliers ; — Meaux capitaine en chef, 10 chevaliers ; — Fère-en-Tardenois, de Leyborne capitaine en chef, onze chevaliers ; — Troyes, Maillet capitaine, neuf chevaliers ; — Charleville, deux brigades, Coulan, commissaire des guerres et Collard député, quinze chevaliers ; — Soissons, Barbier capitaine, treize chevaliers ; — Suippes, Masson capitaine, deux chevaliers[1] ; — Cormicy, Jean le Franc capitaine, dix chevaliers[2] ; — Braine, Potier capitaine en chef, huit chevaliers ; — Corbeil, Darbonne capitaine en chef, un chevalier ; — Condé, Tournant, sieur du Boullau, capitaine en chef, six chevaliers ; — Avize, Simon capitaine, 5 chevaliers[3] ; — Provins, Berel de Marcelles capitaine en chef, onze che-

---

[1] Patin, lieutenant ; Oudin, greffier

[2] Richard, lieutenant ; Leclerc, enseigne, Le Vasseur, connétable ; Cornet, sergent ; Piéron, Geofet, Simon de la Haye, Bousquin, Josse.

[3] Deux, Quinet, Pasquet, Routier, Fanier.

valiers ; — Château-Thierry, Dupuis roi, dix chevaliers ; — Neuilly-Saint-Front, sept chevaliers. C'était en tout quatre cent vingt arquebusiers, auxquels il faut ajouter les quatre-vingt-seize Arquebusiers rémois, partagés en six brigades, savoir :

Première brigade. — Frizon, capitaine en chef; H. de Laistre, Frizon, Casteau, Mopinot, Vouet, Guimbert, Poitevin, Jouvant, Le Flanc, Taillet, Chevenot, Barbereux, Delahaye, Havart.

Seconde. — Le Franc, roi ; N. Lefranc, Bourguet, Eget, Legrand, Briquet, Soyer, Debar, Dessainy, Pierret, Meusnier, Hybert, Godart, Jobart, Julien.

Troisième.— De la Salle, capitaine lieutenant ; Auger, Favart, Jouglet, Caillet, Anthoine, Vandestrique, Fillon, Petit, N. Faciot, J. Faciot, de la Croix, Polonceau, Le Roux, Tauxier.

Quatrième. — Dorigny, capitaine-enseigne ; Lapoule, sergent-major ; Cloquet, P. Dorigny,

Falon, Laurent, Genot, Briquet, Legros, Sutaine, Coquet, Soyer, de Laistre, Solet, Taillet.

Cinquième. — Carbon, connétable ancien ; Dambraisne, sieur de Fescamp, Bruyan, Lelarge, Maillefer, Lévesque, Rousselet, Rozet, Lavocat, Branloteau, Moreau, Soyer, Duval le jeune, Chapron, Vincent, N. Bourgongne.

Sixième. — Thiérion, connétable ; Savoye, sergent ; Caillet, Dubois, Boucher, Soyer, Baillia, Charlet, Benoit, J. Faciot, Petit, Duval l'aîné, Jobart, Rousselet, Gard.

Voici la lettre-circulaire que la compagnie avait adressée à cette occasion :

« Messieurs,

» L'étroite union qu'une amitié sincère a formée entre nous, depuis tant de temps, nous engage aujourd'huy à vous faire part de la grâce que Sa Maiesté vient de nous accorder par ses lettres-patentes. Comme il ne nous sçaurait arriver aucun bonheur qui ne rejaillisse en même temps sur vous et que vous n'ayez droit, pour ainsi dire, à nous en demander le partage, nous n'avons pas voulu différer plus longtemps à vous donner avis de celuy qui doit établir cette année dans notre ville le PRIX GÉNÉRAL. Nous espérons qu'il sera d'autant plus solennel et agréable à tous les corps, qu'il réunira les provinces qui avaient été séparées dans les autres villes, et qu'il ne fera qu'un bouquet de ceux de Vitry et de Sézanne. Nous ne sçaurions cependant vous exprimer les transports de joye que nous ressentons par avance de l'honneur que vous devez nous faire en vous y rendant, et nous sommes dans des impatiences continuelles de voir ariver ce temps heureux de vous envoyer le mandat; c'est là où nous nous réservons à vous rendre ce qui nous reste de devoir et de civilité en cette occasion, vous affirmant que notre bonheur ne sçauroit être parfait ni véritable que quand nous aurons l'avantage de vous embrasser et de vous faire connoître avec combien de zèle et d'inclination nous sommes,

» Messieurs,

» Vos très-humbles et très-obéissants serviteurs,

» Les capitaine, roy, lieutenant, enseigne, officiers et chevaliers de l'Arquebuse de Reims.

« A Reims, ce 10 février 1687. »

On libella ensuite cette lettre « de mandat » à toutes les villes de France « avec la permission du roi : »

« Messieurs,

» Il ne s'est jamais présenté d'occasion de vous inviter ny plus éclatante, ny plus agréable que celle-ci ; il y a du plaisir à vous témoigner l'ardeur que nous avons de vous recevoir dans une ville que vous avez choisie pour être l'illustre carrière de votre adresse. Il y a de l'éclat à vous offrir des couronnes dans le lieu même où nos roys se font honneur d'être couronnez. C'est, d'ailleurs, un double prix que nous vous proposons par la réunion des bouquets de Vitry et de Sézanne ; et nous vous le proposons surtout en une année que le parfait rétablissement de la santé du roy a rendue fameuse, et que les peuples à l'envy ont consacrée pour toutes les marques de réjouissance. Comme il n'est point de compagnies, Messieurs, qui aient plus de raport aux inclinations héroïques de Louis-le-Grand, et plus de part à ses faveurs que les nôtres, il n'en est point aussi qui doivent être plus sensibles à la conservation de son Auguste Personne et qui soient plus obligées d'en renouveler la joie publique. C'est pour cela que nous avons pris le glorieux dessein d'ériger une statue à Sa Maiesté dans le lieu de nos exercices ordinaires, afin de dresser un monument éternel à sa gloire et de marquer à toute la terre que nous ne manions les armes que pour son service et qu'il est l'âme et le sujet de toutes nos fêtes. C'est un dessein hardi qui mérite cependant vos approbations, puisque notre grand Monarque a bien daigné l'approuver lui-même. Entrez dans nos sentiments, Messieurs, et partageons nos obligations; partagez également le zèle avec lequel nous essayons de nous en acquitter. La pompe sera d'autant plus grande que vous nous honorerez de votre présence en plus grand nombre; tous les coups que vous tirerez seront autant de feux de joie que vous allumerez en une si belle occasion. Nous vous invitons pour le quinzième juin de cette année mil six cens quatre-vingt-sept; mais l'honneur qui vous attend, les couronnes en main, vous invite encore et vous presse plus fortement que nous; il vous promet de toutes les provinces des témoins en foule, qui joindront leurs voix aux nôtres pour applaudir à vos victoires. Que les chaleurs de la saison ne vous rebutent point; outre qu'il est glorieux à des combattants d'être couverts de poudre et de sueur, nous chercherons tous les moyens possibles pour vous en adoucir les incommoditez. Nous avons conservé les glaces de l'hiver pour modérer les ardeurs de l'été; nos vins, également frais et délicieux, pourront vous désaltérer avec plaisir; nous élèverons partout des arcs de triomphe pour vous recevoir et vous couvrir; vous aurez le front ombragé de palmes et de lauriers qui, en vous couronnant, vous feront un abry commode et propre à des victorieux; enfin, nous n'épargnerons rien pour vous plaire pendant le séjour que vous ferez à Reims, où nous vous attendons avec une impatience égale à l'inclination avec laquelle nous sommes,

» Messieurs,

» Vos très-humbles et très-obéissants serviteurs et confrères,

» Les capitaine, roy, lieutenant, enseigne, officiers et chevaliers du noble jeu de l'Arquebuse de Reims.

» Réponse, s'il vous plaît, par laquelle nous puissions sçavoir en quel nombre vous viendrez, afin de prendre nos mesures pour vous loger commodément.

» A Reims, ce   avril 1687. »

Nous reproduisons maintenant le règlement intitulé :

CONDITIONS SOUS LESQUELLES LE PRIX GÉNÉRAL

SERA TIRÉ.

I. Premièrement, sera tiré à bras étendu, et toutes arquebuses seront reçuës, excepté les rayées par dedans le canon et qui n'auront la visière auprès de la culasse, laquelle aura l'esclavette percée d'un trou seulement au bout de la visière.

II. Le chevalier qui aura fait un coup à prendre échantillon ne bougera du placet, et sera tenu de poser son arquebuse sur le chevalet, et d'attendre les officiers ou députez, pour porter son arme, ou celuy qui sera porteur d'échantillon, en présence duquel il poura porter son arquebuse aux présidens ou députez pour être visitée, à peine de la perte du coup.

III. Pourront tous chevaliers charger leur arquebuse, en l'absence des députez, d'une balle seule; en cas qu'il en soit reconnu deux, le coup sera nul.

IV. L'ordre pour tirer sera fait au billet, et, pour y continuer sans intermission, seront les compagnies tenues de se rendre au chevalet prêtes à tirer selon leur rang; seront appelées à peine contre les absens de la perte de leur coup, et sera l'ouverture faite par chacun jour à six heures du matin, pour tirer sans intermission jusqu'à sept heures du soir.

V. Pour éviter le retard et empêcher l'abus qui s'est commis en plusieurs prix, ne sera permis à aucun chevalier de se reposer plus de deux fois, après lesquelles, si l'arquebuse vient à manquer deux autres fois, le coup sera perdu, et si sans se reposer elle vient à manquer trois fois, feu ou non feu, le coup sera aussi perdu.

VI. Si l'arquebuse d'un chevalier disposé à tirer lache son coup, en relevant ou baissant, bien qu'il ne l'aye couchée en jouë, son coup sera perdu.

VII. Le prix sera tiré à deux buttes en quatre altes, l'une dans le jardin et l'autre au choix des compagnies assemblées ; à chacune d'icelles il y aura vingt prix pour les vingt plus prêts coups de chacune planche ; le chevalier qui aura fait un desdits vingt coups emportera pour luy une cuilier de la valeur de cent sols.

VIII. La première alte étant tirée, la délivrance des prix sera faite aussitôt par les députez, et cependant sitôt que les coups seront faits, sera pris échantillon par les députez qui n'y auront intérêt, en présence de quelqu'un du party de celuy qui aura fait le coup, avec défense de toucher ny au coup ny à la broche, à peine de la perte du coup, lequel échantillon sera coupé en deux pour être donné moitié au chevalier qui aura fait le coup, et l'autre moitié restera au greffe, ayant esté auparavant enregistré sur le controlle, pour être représenté à la fin de chacune alte, et les vingt plus prêts coups de la broche seront arrêtez par les députez, et seront les échantillons pris sur le blanc (au plus près de la broche) pendant qu'il sera encore attaché à la bute.

IX. S'il se fait plus d'un coup de broche, le chevalier dont la balle aura le premier touché la broche, aura le principal prix, et les autres ensuite sans distinction de haut, bas, côté, droit et gauche ; le premier qui aura plombé la broche, la planche lui sera délivrée immédiatement après le coup et sera porté une autre planche pour continuer la alte.

X. Pour éviter les différens des coups égaux, le dessus emportera le dessous, le dessous le côté droit, le côté droit le côté gauche (excepté ès coups de broche pour lesquels l'article précédent sera gardé) ; pour régler les hauts, bas, droit et gauche seront écrits sur le contrôlle : néantmoins, si deux coups se font au même endroit que l'on puisse y remarquer aucune inégalité, si lesdits coups sont les derniers, le prix se partagera par moitié.

XI. Tous officiers, députez et chevaliers ayans

intérêt au raport d'un échantillon, qui se fera
en la présence des députez, seront obligez de se
retirer, et ne pourront être présens au jugement
de leur coup, à près toutes fois avoir esté som-
mairement ouïs par ceux qui en demeureront
les juges, à peine de la perte des coups.

XII. Et pour prononcer sur les articles cy-
dessus, et autres difficultez qui pouroient survenir concernant ledit prix, seront les présidens, et les députez seuls juges auxquels toutes
les compagnies convoquées seront tenües faire
soumission par leur députez, entre les mains
des officiers du lieu où se tient l'assemblée.

XIII. S'il arrive qu'une compagnie vienne
après que les billets auront été tirez, ladite
compagnie sera recue à tirer à la fin de la alte,
et ainsi des autres qui se seront présentées,
comme aussi tous chevaliers venant dans les
altes en payant le prix entier, à la charge
néantmoins qu'il ne le pouront qu'à la fin de la
alte en laquelle ils viendront, à moins qu'ils ne

soient enregistrez sur le contrôllé des listes, auparavant que les compagnies ayent tiré, auquel cas ils seront incorporez dans icelles pour tirer à leur tour, et les listes qui seront données ne pourront être révoquées, et serviront de promesse, lesquelles seront signées des officiers ou députez.

XIV. Ne pourront aucunes villes ny compagnies prétendre d'élire aucun député si elle ne composent quatre chevaliers, auquel cas elles pourront avoir un député; celles qui composeront dix chevaliers en pourront avoir deux, celles qui composeront vingt chevaliers trois, et en augmentant de dix en dix, un député, pour la facilité des deux butes, à chacun desquels sera donné une médaille d'argent de l'image du roy, de la valeur de quarante sols, laquelle lesdits députez seront tenus de porter par tout, pour marque de leur députation, sans qu'iceux députez ny autres chevaliers puisse porter le haussecol, qui est une marque d'officiers, sur peine d'amende arbitraire.

XV. Et ne pouront lesdites compagnies tirer au billet desdits présidens qu'elles n'ayent un officier à leur tête, et qu'elles ne soient au nombre de huit chevaliers et au-dessus.

XVI. A chaque planche sera fait un présent, à celuy qui aura fait le plus beau coup, d'un verre ou tasse d'argent de la valeur de trente livres, au lieu de la levée ordiaire de cent sols, excepté que celuy qui aura fait le premier coup de broche, au lieu d'un verre d'argent, aura une épée de la valeur de soixante-quinze livres.

XVII. Tous capitaines, lieutenans et ensèignes portans le hausse-col seront reputez députez, et les présidens tirez aux billets comme dit est ; le capitaine de cette ville de Reims sera le premier président, ainsi qu'il a esté arrêté.

XVIII. Tous pointeurs d'armes, butiers, canoniers, armuriers et autres travaillans aux armes ne seront admis à tirer audit prix.

XIX. Les compagnies se rendront en cette

ville le quatorzième juin mil six cent quatre-vingt-sept, pour tirer au billet ledit jour, tant pour les rangs de la procession du lendemain matin, montre du même jour de relevée, et du tirage le jour suivant, dès les dix heures du matin, étant à croire que le coup du roy se tirera dès ledit jour, incontinent après ladite montre faite.

XX. Le greffier du jardin fera l'exercice de greffier, à la charge que les échantillons des coups faits par la compagnie de Reims ne pouront être par luy marquez, et les échantillons de leurs coups seront gardez par un autre chevalier nommé par les présidens et députez.

XXI. Notre bute a de longueur cinquante-deux toises et demie, avec trois défences : la première où est une embraseure, distante du tirage de quatre toises et demie ; la seconde où est une ovalle, distante de la première de six toises, que l'on ne peut ôter attendu la disposition de la bute ; la troisième de la seconde, quatorze toises deux pieds, et le reste jusques au noir de vingt-sept toises quatre pieds : le noir est de trois pouces de diamettre.

XXII. Quant aux prix, ils seront égaux sur les quatre planches, et se trouveront monter à la somme de trois mille livres chacun.

DÉCLARATION DES PRIX.

Quatre planches dont chacune de vingt prix,

Sçavoir :

I.	Un bassin rond, de.......	300 livres.
II.	Un bassin rond.........	280
III.	Six assietes...........	260
IV.	Un bassin rond.........	240
V.	Un bassin rond.........	205
VI.	Trois flambeaux........	185
VII.	Une éguière...........	165
VIII.	Une éguière découverte, à la mode............	150
IX.	Deux flambeaux à la mode.	140
X.	Deux chandeliers........	130

XI.   Quatre flambeaux........ 125

XII.   Quatre salières à la mode. 120

XIII.   Un pot à eaüe........... 110

XIV.   Deux petits flambeaux de

         cabinet.............. 100

XV.   Une écuelle couverte.....   90

XVI.   Deux petits chandeliers à la

         mode.................   80

XVII. Une écuelle couverte......   70

XVIII. Un sucrier..............   60

XIX.   Deux tasses à deux anses..   50

XX.   Une écuelle............   40

Fait et arrêté en la chambre du conseil du château de la compagnie des Arquebusiers de Rheims, le 19e avril 1687.

Le tir commença le 16 juin, lendemain de l'ouverture, et fut clos le 24. Les quatre premiers prix furent gagnés par MM. Sezille, de Noyon ; Derozier, de Vitry, qui plomba la broche ; Vuatrin, de Montdidier, et Petit, de

Fère, qui enfonça la broche. Les Arquebusiers rémois eurent les succès suivants [1] :

Premier panton. — 5e, Baillet ; 6e, Briquet ; 11e, Bouchet ; 19e, D. Soyer ; 20e, Branloteau.

Second. — 4e, Carbon ; 5e, Rozet ; 7e Thiérion ; 13e, Dambraisne ; 17e, Vouet ; 18e J.-B. Jobart.

Troisième. — 2e, Mogrinot ; 5e, Eget ; 8e, Maillefer ; 13e, Cloquet ; 14e, de Gaistre.

Quatrième. — 2e, Chevenot ; 3e, Dubois ; 5e, Dambraisne ; 6e, G. Lavocat ; 7e Lelarge ; 11e, Bourguet ; 13e, Marcq ; 14e, Soyer ; 15e, Carbon ; 17e, Genot ; 18e, Fanot ; 20e, J.-B. Jobart.

[1] Il y avait en sus vingt prix par panton.

Voici maintenant la description des attributs, vers et légendes de la fête, d'après une relation imprimée officielle :

AU ROY

Sur la statue que les chevaliers ont érigée pour témoigner la joye qu'ils ont du retour de sa santé.

Tandis que ton grand nom vole jusqu'en Asie,
Que l'Affrique à tes pieds apporte ses tribus,
Que ton zèle discret foudroyant l'hérésie,
La force en mille endroits d'abjurer ses abus,
L'Europe en même temps, d'étonnement saisie,
Ne sçaurait s'empêcher d'adorer tes vertus ;
Et nos frères ennemis, malgré leur jalousie,
Admirent en tremblant cent monstres abattus.
Le Ciel, en prolongeant le cours de tes années,
Prend, aussi bien que nous, part à tes destinées,
Et promet à ton règne un sort toujours constant.
Nous allons seconder ses desseins pour ta gloire.
S'il exauce nos vœux, tu dureras autant
Que ce marbre qui doit conserver ta mémoire.

AU ROY

*Sur sa statue érigée dans le jardin de
l'Arquebuse.*

DEVISE.

Le Soleil entrant dans le signe du Sagittaire,
avec ces mots pour l'âme de la devise :

Hospitium illustrat.

Par tout le long de sa carrière,
Sans perdre son éclat, répandant sa lumière,
Sa présence en toutes saisons
Fait l'ornement des célestes maisons.
C'est ainsi qu'avec pompe entrant au Sagittaire,
Il y porte avec soy le jour ;
Et, par un bienfait ordinaire,
Il éclaire en entrant le lieu de son séjour.
Grand roy, c'est-là notre avantage,
Qu'en voyant icy ton image,
Ce jardin, devenu plus charmant et plus beau,
Reçoit de ta présence un éclat tout nouveau.

La statue que la compagnie a érigée à Louis-
le-Grand est posée dans le fond de la grande

allée du jardin, sur un piédestal à quatre faces. Sur la première est un Hercule, pour signifier que le roy a exterminé de son empire tous les monstres, et surtout celuy de l'hérésie. Elle a pour titre ;

Hæreseon Domitori.

La seconde est une Minerve, symbole de sa sagesse consommée, et au-dessus :

Consiliorum Præsidi.

La troisième est un Mars, pour représenter sa force invincible dans les combats, avec ces mots :

Hostium Debellatori.

Dans la quatrième, sur un marbre, on lit ces mots :

In hac Armorum Palæstra, Ædilibus
Liberaliter applaudentibus,
Ad splendidiorem generalis Premii Pompam
Erexere Catapultarii Remenses.
Anno Domini MDCLXXXVII
Die 15 Mensis Junii.

SUR LA FIGURE DU BOUQUET

Qui est un Mars tenant d'une main les oliviers et
les lys, qui sont les armes de Reims, et pour
bouclier, un bassin d'argent :

Enfin devenu pacifique,

Mars a mis bas et le fer et la pique.

L'épouvante et l'horreur fuyant bien loin de luy,

Il n'a plus d'armes aujourd'huy

Dont l'aspect, à nos yeux, soit sanglant ou tragique :

Il n'est plus armé que de fleurs,

Ou s'il porte encor d'autres armes,

Son bouclier n'a plus que charmes,

Et, sans parer aux coups, est utile aux vainqueurs.

A MONSEIGNEUR L'ARCHEVÊQUE

SONNET.

Esprit de qui la haute et vaste intelligence

Ne laisse échapper rien à sa vivacité;

Dont le génie actif, l'exacte vigilance

Veut voir régner partout la régularité,

Ta vigueur, qui finit tout ce qu'elle commence,

Ne se sert de l'éclat de son authorité

Que pour faire un clergé le plus réglé de France

Et pour l'établir mieux qu'il n'a jamais esté.

Quoy que depuis mille ans le plus beau de tes droits

Soit le couronnement et le sacre des roys,

Daigne, pour un moment, descendre de ta gloire :

Nous combatons icy pour la splendeur des lys,

Ta main rehaussera l'éclat de la victoire

En couronnant celui qui mérite le prix.

SUR LE PORTAIL DE L'ÉGLISE CATHÉDRALE

SONNET.

Monument éternel de cette grandeur d'âme

Où monta la vertu de nos divins ayeux ;

Palais du Dieu vivant, dans lequel Notre-Dame

Ne sçauroit mieux loger, si ce n'est dans les cieux ;

Temple où tous les censeurs n'ont pû trouver de blame,

Et qui charme partout également nos yeux ;

Où du culte divin le concert nous enflamme,

Et dans tout l'univers ne se peut faire mieux,

Dans l'empire des lys, l'Eglise sans seconde,

Digne, seule, de voir les plus grands roys du monde,

Depuis douze cents ans sacrez à ses autels ;

Du grand Dieu des combats obtiens-nous la couronne

Qui ceigne notre front de lauriers immortels :

C'est chez toi qu'on la prend, c'est chez toi qu'on la donne.

SUR LA PORTE D'UNE DES AISLES DE LA MÊME ÉGLISE,

A droite.

Sur les pas de Louis, venez chercher icy
Les auspices de la victoire ;
Il n'est point de chemin, pour aller à la gloire,
Plus assuré que celui-cy.

SUR LA PORTE DE L'AUTRE AISLE DE LA MÊME ÉGLISE,

A gauche :

Vous qui cherchez à vaincre en ces combats d'honneur
En vain vous entrez dans la lice,
Si le Ciel invoqué n'est à vos coups propice,
N'espérez point au titre de vainqueur.

A MONSEIGNEUR LE MARÉCHAL, DUC DE VIVONE,

Gouverneur de Champagne.

Duc, à qui le plus grand des princes
A confié le soin d'une de ses provinces,
Ta fortune n'est pas l'ouvrage du hazard.
Ton seul mérite et ta haute naissance
Y peut prétendre quelque part ;

Tu leur dois le bâton de maréchal de France,

    Tu leur dois ce vaste pouvoir

Que tu peux exercer et sur mer et sur terre,

    En temps de paix, en temps de guerre.

    Et si par là l'on t'a pû voir

En Sicile, autrefois, la terreur de l'Espagne,

On te voit aujourd'huy l'amour de la Champagne.

A MONSIEUR LE COMTE DE L'HÉRY,

Capitaine-Commandant pour le Roy.

SONNET.

Illustre combattant, qui dois tenir la place

Du meilleur, du plus sage et du premier des roys

Que l'histoire ou la fable ait vantez autrefois,

Dont la vaste grandeur ne voit rien qui le passe,

C'est l'honneur de la fête et la plus noble grâce

Que puisse recevoir un cavalier françois,

Que de prêter son bras pour soutenir les droits

D'un bras qui d'un seul coup tous les Césars efface.

Songez que c'est tenir un poste des plus hauts,

Que de tenir celuy des plus fameux héros

Et du plus glorieux que le Ciel ait vu naître.

Il faut te signaler par des faits inouïs

Pour être lieutenant de l'Auguste Louis,

    Car le coup d'un tel roy demande un coup de maître.

SUR L'HOTEL DE VILLE.

Contemplez ce pompeux ouvrage,
Où l'art étale ses trésors,
Où la Majesté du dehors
De l'ordre du dedans est la parfaite image.

A MONSIEUR FAVART, SEIGNEUR DE RICHEBOURG,

Lieutenant des habitants :

Gouverner avec soin une puissante ville,
Se voir d'un corps illustre et le chef et l'appuy,
Après trois ans entiers l'être encore aujourd'huy ;
Dans un poste si beau se rendre à tous facile,
      Ceux qu'on surpasse par le rang
      Les surpasser par le mérite ;
      Gagner par la sage conduite
L'estime, l'amitié du petit et du grand ;
Estre dans l'embarras, mais sans inquiétude ;
Joindre aux soins du public le plaisir de l'étude ;
C'est ce qu'on peut trouver rarement autre part
      Qu'en l'illustre Favart.

A MONSIEUR FRIZON,

Capitaine en chef.

STANCE.

Depuis un siècle ou deux on a dans ta maison
Choisi des commandants pour mettre à notre tête.
Tes libéralités et ta manière honnête
Ne démentent en rien les vertus de ton nom ;
Ton génie est de ceux qui font plus d'une chose :
Il connoit les bons vers et la plus fine prose,
Et sçait à l'entretien donner un tour charmant.
Ayant fait tout l'honneur du jeu de l'Arquebuse,
Tu viens au cabinet pour retrouver la Muse,
Et ta main tire, écrit et donne également.

A MONSIEUR LEFRANC,

Roy de la compagnie.

Il est ingénieux, il est brave, il est franc ;
De tous, par son adresse, il devient triomphant.
Son bonheur ne se peut comprendre.
Partout victorieux, le noir comme le blanc,
De ses yeux, de sa main, ne sçaurait se défendre :
Rien n'échappe aux ardeurs de ce fin conquérant.
Jusques au cœur, il sçait tout prendre ;

A tant d'heureux succez le Ciel l'a destiné.

Faisons gloire de nous y rendre,

Et, par des mouvements d'un amour noble et tendre,

Couronnons le vainqueur de l'oiseau couronné.

A MONSIEUR DE LASALLE,

Capitaine-Lieutenant,

SUR LA DEVISE DE SES ARMES, QUI SONT : TROIS
CHEVRONS BRISEZ A MOITIÉ.

Indivisa manent.

Malgré les vains efforts qui voudroient nous briser,

Par une ferme résistance,

Qu'on ne sçauroit assez priser,

Nous ferons voir notre constance.

Par un commun accord nous nous servons d'appui,

Et tels qu'on nous voit aujourd'huy,

Tels serons-nous toujours dans les siècles futurs,

Sans souffrir entre nous ni troubles ni ruptures.

A MONSIEUR DORIGNY,

Capitaine-Enseigne.

Secondé de l'adresse et seur de la victoire,

Tu l'emportes par-dessus tous ;

Et dans le combat de la gloire,

La fortune jamais n'eut de part à tes coups.

Mais c'est assez combattre en ce noble exercice ;

Tu peux, dans une autre milice,

Où pour but de tes coups tu n'auras que des cœurs

Passer les plus fameux vainqueurs.

SUR UNE DES PORTES DE LA VILLE,

Appelée la Porte Cérès :

Illustres chevaliers de qui la noble envie

Vient disputer le prix au plus charmant des jeux,

Entrez sans plus tarder, Cérès vous y convie,

En offrant ce qu'elle a de plus rare à vos yeux ;

Ses trésors étalez dans ces vastes campagnes,

Et nos fameux coteaux d'où Bacchus, à son tour,

Fait couler tous les ans le nectar des montagnes,

Sont un gage assuré d'un abondant séjour.

Sur ce portique ancien, notre bonne déesse

Et ce Dieu si vanté qui préside aux flacons,

Pour vous mieux recevoir sont venus avec presse

Jusques dessus nos murs vous présenter leurs dons.

AU-DESSUS DE LA PORTE DE VESLE :

Entrez, illustres chevaliers,

La gloire vous attend avec impatience

> Pour vous couronner de lauriers.
> Telle était des héros jadis la récompense
> > Lorsqu'ils couroient au champ de Mars.
> > Lorsqu'aux plus horribles tempêtes,
> En signalant leurs bras, ils exposaient leurs têtes
> Et cherchaient de l'honneur au milieu des hazards.
> Icy, point de péril, une innocente guerre
> Est ce qui va remplir de votre nom la terre ;
> > Icy l'adresse au lieu de la valeur
> > Conduira vos bras et vos armes :
> > Et, sans verser ni sang ni larmes,
> Vous fera du combat remporter tout l'honneur.

AU-DESSUS DE LA PORTE DU JARDIN,

Où l'on voit une Renommée tenant des lauriers
et des trompettes :

> Venez, braves guerriers, et suivis du bonheur,
> > Assurez-vous du succez de vos armes.
> La carrière est ouverte, et dans le champ d'honneur
> > Nos lauriers verts vous présentent leurs chars ;
> Voicy sur ce jardin la déesse à cent voix,
> > Qui n'attend plus que vos nobles conquêtes,
> Ét, pour les publier en mille et mille endroits,
> > Ouvre déjà cent bouches toutes prêtes.

Elle attend le moment propre à vous couronner ;
    Hâtez-vous donc, sa gloire vous appelle ;
Et quand elle n'auroit aucun prix à donner,
    C'est encore un honneur de courir après elle.

AU-DESSUS DU LIEU D'OU L'ON TIRE A LA PREMIÈRE BUTE, QUI EST CELLE DU JARDIN.

EMBLÊME.

Un Cupidon tirant dans un cœur avec un crespe sur les yeux, pour exprimer la manière de tirer des chevaliers.

Melius sic dirigit ictum.

    Le voile obscur qui couvre ma paupière
N'empêche pas mon coup, et je porte où je veux ;
    S'il me dérobe la lumière,
Je n'en suis pas moins sûr, et mes traits frappent mieux
Quand, de peur que quelqu'un ne me rompe en visière,
    Je mets un bandeau sur mes yeux.

AU-DESSUS DE L'AUTRE ENDROIT, D'OU L'ON TIRE A LA MÊME BUTE.

(DEVISE.)

Un caillou qui frappe l'eau en faisant des ronds à chaque coup, avec l'inscription italienne :

Chi mi batte si corona.

Souvent de me frapper on se fait un plaisir,
Et ce qui dans plusieurs fait naître ce désir,
C'est que pour les coups qu'on me donne,
Qui me frappe, je le couronne.

PREMIÈRE INSCRIPTION,

A CÔTÉ DU NOIR OU PANTON SUR LEQUEL ON TIRE.

Splendor ab obscuro.

Je suis noir, et pourtant de mon obscurité
On se fait un éclat qui rend un nom illustre ;
Plus on est près de moy, et plus on est vanté,
Et tout noir que je sçuy, je sais donner du lustre.

DEUXIÈME INSCRIPTION,

A L'AUTRE CÔTÉ DU NOIR.

Pro plagis vulnera reddo.

Sans cesse l'on m'attaque, et toujours bienfaisant,
Pour chaque coup mortel qu'un ennemi me porte,
Bien loin de me venger, je prépare un présent ;
Et s'il me frappe mieux, c'est luy seul qui l'emporte.

AUTRE INSCRIPTION,

POUR LE NOIR DE LA SECONDE BUTE.

Cent contre moy bandez, et moy seul contre cent,
En vain pour leur parer, je présente ma broche :
Quand on reçoit des coups, on les reçoit content,
Et celuy qui me frappe est toujours mon plus proche.

SUR LA CHAMBRE DU CONSEIL

OU L'ON JUGE DES COUPS.

Une balance en équilibre, soutenue par une
main, avec l'inscription :

Cuique suum reddo.

Je n'agis point à l'aventure ;

Sans bien peser, je ne juge de rien,

Et par une fidelle et constante droiture,

Je sçais rendre à chacun le sien.

SUR L'ENDROIT

OU SE FERA LA COLLATION AUX CHEVALIERS DANS LA MARCHE.

STANCE.

Le Duel de Mars et de Bacchus.

Icy Mars et Bacchus, disputans pour la gloire,

Préparoient de sanglants combats ;

Mais Mars, prévoyant bien qu'il perdroit la victoire,

Dit à Bacchus : Mettons les armes bas.

Ouy, dit Bacchus, c'est être sage.

Sans faire icy les fanfarons,

Par d'autres coups, montrons notre courage,

J'entends les coups fréquens qu'à longs traits nous tirons.

Fais céder tes tambours au son de mes bouteilles :

Ce tintamarre ne me plaît pas ;

C'est trop longtemps en vain étourdir mes oreilles ;

Buvons ensemble, et pendant le repas,

Entonnons une autre Musique :

Le son des pots et du tonneau

Est justement le concert pacifique

Capable, après ce bruit, d'affermir mon cerveau.

A ces mots, on s'embrasse, on vide la querelle.

Et depuis ces bienheureux jours,

Mars et Bacchus ont fait une trève fidelle.

Qui dure encore et durera toujours.

Pour renouveler cette histoire,

On invite enfans de Mars

De joindre icy le secret de bien boire

A celuy de courir aux glorieux hazards.

EMBLÊMES PEINTS DANS L'ENCLOS DU JARDIN
SUR DIFFÉRENTS SUJETS.

Ier EMBLÊME.

Sur la santé du Roy.

Le soleil qui retourne à l'horloge Dachas, pour marquer que c'est un coup du Ciel que sa guérison.

Multos ut vivat in annos.

France, ne crains plus rien, malgré les destinées :
Par un second miracle à celui-cy pareil,
Le Ciel a de ton roy prolongé les années,
Faisant encor pour luy retourner son soleil.

1re *Devise*, accompagnant cet emblême : Une tige de lys que les vents agitent sans pouvoir l'arracher, pour marquer la constance royale.

Concutior non deurior.

2e *Devise :* Un soleil dissipant les nuages et les brouillards qui vouloient le cacher.

Post nubila clarior.

IIe EMBLÊME.

Sur la joye commune de Reims à l'occasion
de la santé du Roy.

La ville de Reims représentée par une nymphe tenant l'écusson de la ville, qui sont des lys et des oliviers, et les présentant à un soleil sortant de son éclipse.

Tua me lux una serenat.

Sensible à ta langueur, je languis avec toi,
Courant le même risque et la même aventure ;
Mais un de tes regards arrêté dessus moy
Me rend en un moment mon ancienne parure.

1re *Devise :* Un olivier tiré des armes de la
ville, penché sous un soleil à demi-éclipsé.

Cum languente iacet.

2e *Devise :* Le même corps, sous un soleil sortant d'éclipse, et les branches de l'olivier qui se relèvent.

Cum redeunte resurgit.

IIIe EMBLÊME.

*Sur la joye particulière des chevaliers et l'intérêt
qu'ils prennent à la santé de Sa Majesté.*

Des joueurs d'échecs, dont le plaisir consiste
à voir le roy du jeu en sûreté.

Rege incolumi.

D'un appareil guerrier, le spectacle innocent

A pour nous divertir des plaisirs et des charmes,
Surtout quand, dégagé d'un péril menaçant,
Notre roy délivré fait cesser nos alarmes.

1ʳᵉ *Devise,* sur le même sujet : Des coqs battant des aisles et chantant au retour du soleil sur l'horizon.

Testamur gaudia plausu.

2ᵉ *Devise,* sur le même sujet : Des alcions qui jouent sur mer après la tempête.

Post pericula ludunt.

IVᵉ EMBLÊME.

Représentant la réunion des deux prix.

Elle a pour corps les figures des deux bouquets, avec les armes de la ville, qui les unit ensemble, et pour devise les paroles de Claudien.

Quæ divisa beatos

Efficiunt, collecta tenes.

De deux villes, jadis, par un heureux partage,
Nous faisions tour à tour le bonheur non commun ;
Mais Reims seule, entre mille, aura cet avantage,
Que pour mieux l'honorer, on nous unit en un.

1re *Devise,* accompagnant ce premier emblême :
Deux palmiers penchés l'un vers l'autre.

Est utrique decus jungi.

2e *Devise :* Pour signifier la même union. Les
deux jumeaux, qui est le signe dominant pendant la célébrité du prix.

Junguntur in unum.

Ve EMBLÊME.

Sur le bonheur des victorieux.

La course des chariots aux jeux olympiques,
avec ces mots :

E pluribus accipit unus.

De tous ces chars poudreux qui roulent file à file,
Chacun du bel honneur, également épris,
Court au but pour l'avoir; mais un seul entre mille,
Conduit par la victoire emportera le prix.

1re *Devise,* accompagnant cet emblême : Pour
signifier les disputes en manière de coups : la
Pomme de discorde, et à l'entour, pour devise :

Detur digniori.

2ᵉ *Devise :* Pour exprimer qu'il faut peu pour perdre l'avantage de son coup : Une balance un peu penchée.

A minimo pendet.

VIᵉ EMBLÊME.

Sur le plaisir du jeu de l'Arquebuse.

Représentée par une course de vaisseaux sur mer, qui est la Naumachie des Anciens.

Recreo quos exerceo.

Encor qu'il soit pénible, à chacun mon jeu plaît,
Et sans leur proposer ni palme ni couronne,
Pour payer leur travail je n'ai point d'autre attrait
Que les charmes secrets du plaisir que je donne.

1ʳᵉ *Devise*, à côté de cet emblême : Pour signifier que ce jeu, tout guerrier qu'il est, n'a rien que d'agréable.

Pour corps : un jeu d'échecs, et pour âme :

Jungit prælia ludis.

2ᵉ *Devise :* Pour signifier la même chose : Une

trompette qui divertit en temps de paix, de même qu'elle a épouvanté en temps de guerre.

Recreat quos terruit.

VIIe EMBLÊME.

Sur l'émulation de ceux qui prétendent au prix.

Une course à pied dans le cirque, où plusieurs aspirent à l'honneur de se surpasser les uns les autres.

Un seul parle :

Plures superasse decorum est.

Jamais le désespoir ne me fit perdre cœur ;
L'espérance toujours me promet la victoire,
Et pour bien mériter le titre de vainqueur,
Plus j'auray de rivaux, plus j'en aurai de gloire.

1re *Devise :* Signifiant la même chose. Une meute de chiens courant après un cerf, à l'envy l'un de l'autre.

Idem omnibus ardor.

2e *Devise :* Des cigognes qui se disputent un serpent.

Non patior socium.

VIIIe EMBLÊME.

Sur le désintéressement des chevaliers.

Une course de Pâque à cheval.

C'est un chevalier qui parle :

Mihi gloria merces.

Un noble espoir m'anime, et mon cœur généreux
Ne fut jamais touché d'un gain pour récompense.
Le seul nom de vainqueur est le prix glorieux
Qui fait agir mon bras et dirige ma lance.

1re *Devise :* Sur le même sujet. Un lion autour duquel sont plusieurs animaux terrassés.

Sat vicisse.

2e *Devise :* Une main arrachant des palmes sans toucher aux fruits : pour dire qu'on ne cherche que l'honneur.

Fructum alii quœrant.

IXe EMBLÊME.

L'utilité de cet exercice.

Représentée par un combat de gladiateurs qui s'exercent avec des fleurets.

Fictis proludimus armis.

Dans le sein de la paix, avec des armes feintes,
Nous exerçons nos bras à des exploits guerriers ;
Afin que, toujours prêts, parmy d'autres atteintes,
Nous allions avec Mars moissonner des lauriers.

1re *Devise :* A côté de cet emblême. Des abeilles qui combattent en voltigeant à l'entour de leurs ruches.

Pro regno et Rege.

2e *Devise :* Un aigle qui va au soleil à travers le feu et les tonnerres, représente l'ardeur des chevaliers à suivre le roy dans ses conquêtes, quand il en sera besoin.

Audentior ibo.

Xe EMBLÊME.

L'espérance dont chacun se flatte.

Le combat de la lutte où l'on propose des prix et des couronnes. Un athlète parle :

Præmia dant animos.

Cent fois prêt à céder, cent fois je sens renoître
Une nouvelle ardeur ; sous le poids qui m'abat
Ma vertu se réveille, et ce qui la fait croître,
C'est l'espoir d'emporter le prix de ce combat.

1re *Devise :* Sur le même sujet. La toison d'or proposée aux Argonautes.

Merces et meta laborum.

2e *Devise :* Pour exprimer qu'un coup peut quelquefois beaucoup gagner : un coup de foudre ouvrant une mine d'or dans une montagne.

Quam multas parit ictus opes.

AUTRES DEVISES

SERVANT D'ORNEMENTS A LA BUTTE.

1re *Devise :* Signifiant que le succez du jeu dépend plus des yeux que de la force :

Un épervier qui fond sur sa proye du haut des nües.

Plus oculis quam alis.

Quand du milieu des airs, j'ay découvert ma proye,
Je balance longtemps mon vol audacieux,

> Et puis soudain, sans qu'on me voye,
> Comme le carreau qui foudroye,
> Je m'élance du haut des cieux,
> Et quand je réussis, je dois tout à mes yeux.

2e *Devise* : La lunette d'un pilote tournée vers l'Etoile polaire, pour exprimer que tout le secret consiste à bien mirer.

> *Ne dævius errem.*

> Ma vüe attentive et discrette,
> A bien guider ma course applique tout son soin ;
> Mon art consiste à bien prévoir de loin,
> Et sans choisir la gauche pour la droite,
> J'arrive au port et ne m'écarte point.

3e *Devise :* Pour signifier le désir que les chevaliers ont de servir leur prince et leur patrie.

Des aigles qui s'égayent en l'air et qui se font une espèce de jeu de bien manier les foudres de Jupiter.

> *Ad Jovis Obsequium.*

> Ce noble jeu, qui dans les airs,
> Parmy les feux et les éclairs,
> Nous exerce à lancer la foudre,

Est pour nous un prélude, et si pour notre roy

Il faut en faire un autre employ,

Par nous les ennemis seront réduits en poudre.

AUX DAMES.

QUATRAIN.

Vous qui faites les beaux jours

Dans les plus célèbres fêtes ;

Mars vous offre en ces lieux de nouvelles conquêtes,

Beautés, amenez-y les jeux et les amours.

AUTRE QUATRAIN.

Nous ne faisons briller que de paisibles feux,

Qu'il est aisé d'allumer et d'éteindre ;

J'en vois d'autres plus à craindre

Dans vos beaux yeux.

AUTRE AUX DAMES.

L'amour se plaît parmi les fêtes ;

Il est dans nos jardins en paiis de conquêtes,

Et c'est là qu'à plaisir il triomphe des cœurs.

Beautés, pour peu qu'icy vous étalliez vos charmes,

Soyez seures que nos vainqueurs

Seront tous les premiers à vous rendre les armes,

Trop heureux d'ajouter quelque myrthe à leurs fleurs.

AUTRES INSCRIPTIONS,

SUR LES TROPHÉES QUI SONT LES ARMES DES CHEVALIERS.

Les chevaliers parlent.

Nous nous plaisons au bruit ; dans les temps les plus
[calmes
L'image de la guerre a des charmes pour nous ;
Sans en suoffrir les maux, nous y cüeillons des palmes
Et nous y triomphons sans y craindre les coups.

SUR UN AUTRE TROPHÉE.

Nous avons trop longtemps répandu les alarmes,
Ces usages sanglants sont contre les souhaits ;
Après avoir servi dans le métier des armes,
Nous servons au plaisir dans le temps de la paix.

SUR LA STATUE DE SAINT ANTOINE, PATRON DES CHEVALIERS.

Ce saint, dont on révère en ces lieux la mémoire,
Qui parmy les combats assura son salut,
Veut que, pour acquérir une immortelle gloire,
Le Ciel de nos combats soit le prix et le but

DANS LA GALERIE DES ARMES.

AU-DESSUS D'UN TABLEAU REPRÉSENTANT LOUIS LE GRAND A CHEVAL.

Peintre, qui que tu sois, en vain tu t'es flatté
Du plus fameux des roys de nous montrer l'image :
Tous les traits des héros unis dans ton ouvrage
Ne t'excuseraient pas de ta témérité.
N'étant point un Apelle, il fallait t'en deffendre :
Il n'est permis qu'à luy de peindre un Alexandre.

AU-DESSUS D'UN TABLEAU REPRÉSENTANT MONSEIGNEUR LE DAUPHIN A CHEVAL.

Pinceaux ambitieux, qui cherchez l'avantage
De faire de Louis le portrait accompli,
Tous vos efforts sont vains ; ce n'est que dans le fils
Qu'on rencontre du père une parfaite image ;
Et comme entre les Roys Louis est un soleil,
Il n'appartient qu'à luy de peindre son pareil.

AU-DESSUS D'UN TABLEAU DE LA PRISE DE CAMBRAY.

Tandis que vous voyez ce brave demi-dieu,
Venir, voir et vaincre en tout lieu,

Et se faire un plaisir de l'horreur des alarmes ;

Nous nous faisons icy, par un semblable jeu,

L'oreille au bruit et l'œil au feu,

Pour seconder un jour la gloire de ses armes.

AU-DESSUS DE LA PRISE DE VALENCIENNES.

Ville superbe, enfin réprime ton orgueil,

Tu ne serviras plus à la France d'écueil,

L'ardeur de nos guerriers a forcé ton refuge.

Les eaux n'ont pu borner leurs efforts généreux,

Et pour en venger le déluge,

Ils ont fait pour ta perte un déluge de feux.

AU-DESSUS D'UN TABLEAU REPRÉSENTANT LA VILLE

DE REIMS

Sous la figure d'une déesse.

A cet air content et tranquille,

On la connaîtrait entre mille,

Et les autres jamais n'eurent tant d'agréments ;

Mais parmy ces augustes marques

Qui la distinguent autrement,

La première est le droit de sacrer nos monarques

AU-DESSUS DE LA PRISE DE LUXEMBOURG.

Toy qui de la hauteur de tes superbes forts,

Bravois insolemment les foudres de la France,

Qui par un vain effet d'une aveugle arrogance,

Te croyais à l'abri de ses plus grands efforts,

Apprens que les rochers sout frappez de la foudre

Et que les plus hautains sont les premiers en poudre.

AU-DESSUS DE LA BATAILLE DE CASSEL.

Quand Philippes, d'un cœur aussi haut que son rang,

Bravant du fer, du feu, les terribles tempêtes,

D'un frère conquérant assure les conquêtes,

Et fait voir des Bourbons le véritable sang,

De Louis, en Philippe, on reconnaît le frère,

Et dans ces deux héros le même caractère.

———

Deux gravures accompagnent cette relation [1], imprimée chez Jean Le Lorain. L'une représente la statue du roi, inaugurée le jour du tir, dans l'hôtel de la compagnie. Louis XIV est en pied, costume antique, casqué, avec une perruque

[1] La bibliothèque de Reims possède un exemplaire de cette rare plaquette.

longue, le pied gauche sur un bouclier, la main
gauche sur la hanche, l'autre tenant le bâton de
commandement. Quatre bas-reliefs ornaient le
socle : sur l'un, Hercule terrasse le lion. L'autre
gravure représente une statue de Mars, en pied,
costume antique, casque à plumes : du bras
droit, il tient un bouclier représentant un soleil, de l'autre le bouquet du tir ; le socle est à
six pans, soutenus par des pattes de griffons ; on
y voit les armes de France, des faisceaux, tro-
phées, guirlandes, etc.

Le bouquet fut remis à la compagnie de Laon.
Celle-ci donna, le 25 juin, une collation servie à
ses frais dans l'hôtel du comte de l'Héry, en y
invitant toute la compagnie de Reims et le Conseil de Ville ; mais, sans doute pour éviter l'établissement d'un usage nouveau, les magistrats
municipaux en délibérèrent en séance tenue
spécialement à cet effet, et refusèrent, tout en
chargeant le procureur-syndic de présenter
leurs remerciements. Le lendemain, les Laon-
nois quittèrent Reims, escortés par leurs con-

frères de cette ville, et « honorés d'une très-belle cavalcade » jusques à la Neuvillette, où nos Arquebusiers leur avaient fait préparer à leur tour une splendide collation.

Le prix général de Laon eut lieu du 20 au 26 juin 1700 ; soixante-deux compagnies y prirent part ; Reims fut représentée par trois brigades, conduites : l'une, par M. Roger, roi ; l'autre par M. Frizon, capitaine en chef, et la dernière par M. Patouillart, connétable. Les vainqueurs furent : MM. Tronson, 13e grand prix, valant 99 fr. ; Havart, le 20e, valant 35 fr. — Prix du second panton : Patouillart, 5e ; Sutaine, 8e ; Jouvan, 10e ; Lefranc, 13e ; — du troisième : Genot, 6e ; Frizon, 7e ; Jouvan, 11e ; Jouglet, 13e ; Guimbert, 15e ; — du quatrième : Briquet, 5e ; de la Motte, 8e ; Willot, 16e.

D'autres prix généraux, auxquels la compagnie rémoise se fit représenter, eurent lieu à Meaux en 1717 ; à Compiègne en 1729 ; à Châlons en 1754 ; à Saint-Quentin en 1774, et à Nogent-sur-Seine en septembre 1783. La fête de Châlons fut exceptionnellement belle : il y avait quarante-deux compagnies, et celle de Reims y occupait le cinquième rang ; elle y compta parmi les vainqueurs : MM. Mayeux, 1er prix du troisième panton ; Bouchard, Noël, Bergeronneau, Frizon de Beaumont, de Launoy, Cornette, Henry.

Nos Arquebusiers ne s'en tenaient pas à ces grandes cérémonies. Il leur arrivait aussi de prendre l'initiative de quelques fêtes à l'occasion de certains événements heureux. A propos de la paix de Nimègue, ils célébrèrent, le 14 septembre 1679, *le Triomphe de la paix,* dont une brochure également très-rare donne la description [1]. Le monument élevé devant l'hôtel de l'Arquebuse représentait quatre emblêmes : le premier, deux arquebuses en sautoir, avec ces mots : *Ludus erit quod terror erat ;* — deux trompettes en sautoir sur des fifres et un tambour, *Et pacis canimus ;* — des abeilles se servant d'un casque pour en faire une ruche, *Dabit hæc quoque*

—————

[1] Conservée à la bibliothèque de Reims.

dulcia nobis; — un baril de poudre, *Et festos accendet in ignes.* Les vers suivants étaient disposés en divers endroits :

Inscription sur la porte de l'hostel des

Arquebusiers :

LUDOVICO MAGNO VICTORI PACIFICO.

Plus bas, sous un portrait du roi, ces vers latins et français :

Magna fuit tibi pugna, tibi victoria ludus :
Armaque cum gerimus, nil nisi ludus erit.
La paix triomphe au son des instruments guerriers.
Et fait goûter icy la douceur de ses charmes :
Le jeu se mêle au bruit des armes
Et l'olive aux lauriers.
Ainsy parmy le fer, ainsy parmy le feu,
Louis allait bravant les hazards de la guerre,
Et ce qui fait trembler la terre,
N'étoit pour lui qu'un jeu.

Les vers exposés sur les prix que Messieurs de la Ville donnaient à la Compagnie :

Grand et fameux Sénat, on voit revivre en toy
Celuy que Rome a veu vainqueur de tout le monde
    Et dont la sagesse profonde
      Donnait à tous la loy.
Montrer dans le Conseil le bon sens du Romain ;
Dans la magnificence avoir toujours la sienne,
    C'est conserver, de Rome ancienne,
      Et la teste et la main.
Ton art de gouverner étonne les esprits,
Et c'est par les présens qu'aujourd'huy tu nous donnes,
    Que nos combats ont leurs couronnes
      Et nos jeux ont leurs prix.

En 1681, les chevaliers donnèrent une autre fête intitulée : *le Triomphe de Bacchus*, le jour de leur réjouissance, dit « jour de la Tarte. » Vint ensuite celle célébrée à l'occasion de la paix de Ryswick, dont nous reproduisons la relation :

« Mars pacifique, ou l'alliance de Mars et de la paix, servant de sujet au feu de joye fait à Reims devant l'hostel des Arquebusiers, le treizième janvier mil six cens quatre-vingt-dix-huit, pour la paix générale.

» Les chevaliers du noble jeu de l'Arquebuse ont trop de raisons de prendre part à la paix que le roy vient de donner à toute l'Europe, pour n'en pas prendre aussi aux réjouissances publiques qui se font partout, et pour ne pas faire éclater eux-mêmes les marques de leur joie particulière. Notre compagnie, composée des personnes les plus distinguées de chaque état peut se vanter de tenir un rang assez considérable entre celles du royaume, pour en sentir les mouvements et la tranquillité. Le zèle respectueux que nous avons toujours fait profession d'avoir pour notre invincible monarque rend ces témoignages de joye d'autant plus indispensables que Sa Majesté, par une faveur toute singulière, nous a conservé nos priviléges dans le temps même qu'elle jugeait à propos d'éteindre ceux des autres compagnies. La paix, d'ailleurs, est amie de nos exercices, et quoique la guerre ne les ait pas interrompus, elle en a cependant troublé les douceurs par la perte de plusieurs de nos plus braves chevaliers, sacrifiés

à l'honneur et à la défense de la patrie, et surtout par celle du sang de M. de L'Héry, dont la
blessure seule était capable de nous faire désirer
la fin d'une guerre dans laquelle la valeur de
cet illustre marquis nous aurait mis en danger
de perdre ce que nous avons de plus cher. La
paix a donc pour notre compagnie des agréments particuliers, et c'est pour en témoigner
sa joye qu'elle fait un feu qui en est une éclatante marque. En voici l'apareil :

» La machine du feu est un théâtre à quatre
faces, sur lequel s'élève une espèce d'autel
dressé sur une estrade, surmontant d'un pied
ou deux le corps de la machine qui sert de base
à huit colonnes d'ordre composite, avec leur
architrave, frise et corniche, supportant toutes
les pièces de l'architecture qui font une manière
de temple très-bien orné et terminé d'un dôme
magnifique en forme de couronne. Sur cette
estrade, sont vis-à-vis à deux côtés les statues
de Mars et de la Paix, prenant l'une et l'autre
du jeu de l'Arquebuse sous la figure d'un petit

amour, un bouquet d'olivier et de laurier, comme le symbole de leur alliance.

» Aux deux autres costés opposés sont d'autres jeux enchaînans des furies dont Mars est résolu de ne plus se servir pour désormais ne présider qu'à des combats innocens, selon le génie de la paix, avec laquelle il jure une alliance éternelle.

» Sur les quatre coins du théâtre sont des urnes pleines de feu, pour conserver les cendres de nos confrères morts au lit d'honneur, avec ces mots d'Ovide :

Urna dedit sonitum. — Met. 3.

Le bruit de ces guerriers se fait encore entendre,
La gloire de leur mort en ôte la douleur ;
    Et nous retrouvons dans leur cendre
    La semence de leur valeur.

» A deux des faces du théâtre sont peints des jeux et des amours. A l'une, ils se battent en riant, et ces paroles qui servent d'inscription, expriment l'innocence de leurs combats : *sine cæde et sanguine*.

Sans haine et sans fureur nous entrons dans la lice,
     Nos coups n'ont rien de dur;
Nous n'avons des combats que le noble exercice,
     Le plaisir en est pur.

» A l'autre ils sautent après des couronnes qu'offre une main sortant de la nue avec ces mots : *Addit honor stimulos*, pour marquer l'émulation que donne dans le jeu de l'Arquebuse la magnificence du prix que messieurs de la Ville proposent aux chevaliers.

Quelque riches que soient les prix que l'on nous donne,
     L'honneur d'éterniser leur nom
     Est icy le seul aiguillon
Qui pique nos guerriers du gain de la couronne.

» A la troisième face sont des branches d'olivier passées en sautoir avec des armes, et ces mots : *Marti et Paci,* déclarent la disposition des chevaliers à faire dans la paix l'honneur de l'Etat par

leurs jeux, et à en faire sa force dans le temps
de la guerre par leurs armes.

Nous ne quittons jamais les armes,
Toujours prêts dans la guerre à défendre l'Etat,
Dans le temps de la paix nous en faisons l'éclat
Par des jeux pleins de charmes.

Enfin, à la quatrième face, qui fait comme
celles de tout l'appareil, est peint un étendard
où sont des branches d'olivier, armes de la ville,
et une couronne de laurier, armes de la compagnie, unis ensemble avec ces mots qui mar-
quent l'union de messieurs de la ville et des
chevaliers : *Nexu sociantur eodem.*

L'olive et le laurier vivent d'intelligence ;
Du Sénat avec nous rien ne rompra les nœuds ;
Il aimera toujours la douceur de nos jeux,
Et nous suivrons les loix de sa haute prudence.

Inscriptions en différents endroits, sur le por-
tail de l'église des RR. PP. Cordeliers :

Nous ne vous annonçons ni guerre ni combats,
Le bruit de nos tambours ne cause point d'alarmes,

Ministres du Seigneur, ne vous refusez pas
D'unir vos chants sacrés au doux bruit de nos armes.
Le Dieu dont la clémence a comblé nos souhaits
Ne nous empêche pas d'avoir les mains armées,
Et lui-même se plaît, en nous donnant la paix,
De conserver le nom du grand Dieu des armées.

SUR LA PORTE DE L'HOSTEL DE VILLE :

Les chevaliers de l'Arquebuse à Messieurs de la

Ville.

Auguste et nombreux corps, dont l'âme est la prudence,
Dont l'inclination est la magnificence,
Dont chaque membre est grand, libéral, sage, humain,
Et vaut bien, en un mot, le plus grave Romain,
Rome a beau nous vanter sa trop flatteuse histoire,
Ses Gracques, ses Catons, tous couronnés de gloire ;
Reims en compte autant qu'elle en son fameux Sénat
Qui n'ont pas tant de faste et n'ont pas moins d'éclat.
Reims peut même sur Rome avoir la préférence,
Si nous faisons ensemble une étroite alliance ;
Vos sages s'uniront à nos braves guerriers,
La douceur à la gloire, et l'olive aux lauriers.

SUR LA PORTE DE NOTRE HOSTEL, SOUS UN PORTRAIT
DU ROY.

AU ROY.

Louis a triomphé de ses fiers ennemis,
Tous armés contre lui, seul il les a soumis
    Par l'effort de ses armes ;
Mais la paix aujourd'huy triomphe du vainqueur ;
Pour désarmer son bras elle inspire à son cœur
    La douceur de ses charmes,
Et l'oblige, au milieu de ses vastes projets,
D'immoler la victoire au bien de ses sujets.

VIS-A-VIS DE L'APPAREIL DU FEU. — LA PAIX
ET MARS.

A Messieurs de la Ville.

Dans l'illustre carrière où brille la victoire,
Où les jeux innocens disputent de la gloire,
    Nous dressons un autel,
Pour y jurer ensemble un accord immortel.
Achevez le bonheur de notre destinée,
    Couronnez vos bienfaits,
Vous les couronnerez de Mars et de la Paix,
Si vous daignez signer le charmant hyménée.

DIALOGUE DE LA PAIX ET DU JEU DE L'ARQUEBUSE

Mis sur un air nouveau.

LA PAIX :

Plus de feu, plus de bruit, plus de sang, plus d'alarmes.
Guerriers, le Ciel l'ordonne, adieu, quittez les armes.

LE JEU DE L'ARQUEBUSE :

Le feu, le fer, le bruit, icy n'ont rien d'affreux ;
Nous joüissons des bienfaits que le Ciel nous envoie ;
   Nos feux sont feux de joie,
   Et nos combats des jeux.
En ces lieux tout conspire à la fête publique,
Mars sous qui nous vivons est un Mars pacifique.
Unissez-vous à luy, belle et charmante Paix,
   Vos nœuds ne se rompront jamais.
   Unissant au doux son des armes
   Le bruit des verres et des pots,
   Le concert n'aura que des charmes,
Et rien ne troublera votre aimable repos

Vers exposés sur les prix donnés :

Par Messieurs de ville à la compagnie :

Le roy, toujours vainqueur, pour nous donner la paix,

14

A sçu borner ses rapides conquêtes,

Et vous, Messieurs, dans nos plus grandes fêtes,

Vous ne sçavez borner ni grâces ni bienfaits.

AUX CHEVALIERS LES MOINS ZÉLÉS.

RONDEAU :

Le palais du Dieu de la Thrace

Doit servir aujourd'huy de place

Au pacifique rendez-vous ;

Chers confrères, venez-y tous,

J'ai de quoy fondre votre glace,

Pippe de muscat portant trace

D'un fameux traiteur qui menace

Du plus friand de ses ragoûts.

LE PALAIS :

Voulez-vous que chacun s'embrasse

En cette fête, et qu'elle fasse

De nos plaisirs mille jaloux,

Quittez pour un temps, comme nous,

L'amour, la ville, le Parnasse.

AUX DAMES :

Ne craignez ni mousquet ni pique,

Beau sexe digne de nos vœux,

Venez prendre part à nos feux ;

Mars est devenu pacifique,

Ses combats ne sont plus de ces combats affreux,

De sang, de meurtre et de carnage :

Ce ne sont que paisibles jeux,

Où tous les coups ont l'avantage

D'emporter leurs prix avec eux.

« Nous paraissons les derniers aux réjouissances publiques, mais nous n'y sommes ny les moins zélés, ni les moins ardens : nous avons voulu être témoins de toutes les autres pour profiter des exemples qu'on nous en a donnés partout, et pour avoir l'honneur de couronner toutes les fêtes par la nôtre, dans le temps de la paix générale. C'est pour cela que notre compagnie, de plus de quatre cents chevaliers et dont le nombre s'augmente considérablement tous les jours, doit se rendre aujourd'huy en bel ordre à l'hôtel de ville, pour y prendre messieurs nos magistrats en corps, et aller ensuite chez les Révérends Pères Cordeliers, assister au *Te Deum* que nous ferons chanter en actions de grâces du grand don que le Ciel nous en fait en finissant la guerre. Nous devons ensuite retourner en notre hôtel avec ces messieurs, pour y faire l'ouverture du prix que leur magnificence donne à notre compagnie à l'occasion et en faveur de la paix. Après les avoir faits spectateurs de nos combats, qu'ils veulent bien couronner de leurs mains. Sur les six heures du soir, nous les conduirons dans la place où est dressé l'apareil du feu, et, après plusieurs belles cérémonies, M. le lieutenant des habitants, accompagné de MM. du Conseil et des officiers et chevaliers de notre compagnie, mettra le feu à la machine chargée de toutes parts d'un grand nombre de pièces d'artifice de la composition des sieurs Eget père et fils, artificiers et chevaliers de la compagnie. Pendant tout le temps que la machine embrasée changera les ténèbres du soir en un jour éclatant, le bruit des trompettes, hauts-bois, fifres et tambours, se mêlant aux décharges continuelles des mousquets, fera par leur mélange un agréable concert. Toute la fête, enfin, pendant laquelle jailliront tout le jour pour le public des fontaines de vin, se terminera par la distribution des prix, ensuite d'un repas présenté par la compagnie à MM. du Conseil et à MM. les officiers et chevaliers des villes voisines qui nous feront l'honneur de s'y trouver. »

La paix de 1763 fournit l'occasion d'une autre fête :

Description de la fête et du feu d'artifice ordonnés par MM. les capitaines et chevaliers de l'Arquebuze de Reims, à l'occasion de la paix, et exécutés le 7 août 1763.

« Les chevaliers de l'Arquebuze de Reims, toujours distingués dans leur empressement à imiter le zèle que le Conseil de ville fait éclater si dignement dans toutes les circonstances qui intéressent la gloire de Sa Majesté et le bonheur de ses peuples, ont voulu donner aussi des témoignages de leur allégresse, et se rendre en quelque sorte les imitateurs du magnifique spectacle que le corps de ville vient de présenter pour célébrer le retour et le triomphe de la paix.

« Dans ces sentiments, ils ont fait élever, sur la façade du château de la compagnie, un corps d'architecture propre à recevoir les différentes parties d'un feu d'artifice.

« Cet édifice, d'ordre toscan, avoit vingt-quatre pieds de largeur sur trente-cinq de hauteur ; il présentoit trois grandes arcades enrichies de fleurs et de festons, entre lesquelles étoient quatre pilastres avec les arrière-corps également décorés ; une riche balustrade avec ses pieds d'estaux dans le goût antique, terminoit ce premier ordre d'architecture ; au milieu de la balustrade éclatoit un transparent qui figuroit dans les armes du roy.

« Le second ordre offroit trois croisées simples, et des panneaux entre les chambranles, enrichis de symboles propres à la paix, une pyramide autour de laquelle régnoit un cordon d'artifice, couronnoit l'ouvrage.

« Au milieu des croisées de la façade du château

étoient attachées, sous clef, les armes du roi, celles de Son Altesse Sérénissime Monseigneur le comte de Clermont, gouverneur de la province; celles de Son Excellence Monseigneur l'archevêque, ainsi que celles de la ville et de l'Arquebuse. Ces armoiries étoient rehaussées d'or, et des guirlandes de laurier, de lierre et d'olivier environnoient leurs contours, et formoient un cadre de verdure enrichi de feuilles de similor.

« Au-dessous de chaque armoirie étoit un médaillon soutenu par un mascaron rehaussé d'or, où étoient peints l'emblême et la devise propres à l'armoirie.

« Au-dessus de la porte du château étoit écrite en lettres d'or, dans un brillant cartouche, l'inscription suivante :

Ludovico decimo quinto,

Populorum amori,

Ob restitutam Europæ pacem

Publicæ lætitiæ datori ;

Senatûs populique Remensis

Zeli amoris et fidei

Ardentissimi æmulatores,

Hac ignis artificiosi architectura

Hilaritates, vota, ludos,

Catapultarii Remenses

Dicant, vovent, consecrant.

Anno M.DCC.LXIII.

« Traduction de l'inscription :

« Les chevaliers de l'Arquebuse de Reims, imitateurs ardents du zèle, de l'amour et de la fidélité du Sénat et du peuple de Reims, par l'ordonnance de ce feu d'artifice, dédient, vouent et consacrent leurs jeux, leur joie et leurs vœux à Louis XV, l'amour de ses peuples et l'auteur de l'allégresse publique, à cause de la paix qu'il a sçu rendre à toute l'Europe, l'an du salut 1763. »

« Au-dessus des armes de Sa Majesté on voyoit dans un ciel serein un soleil dont les rayons bienfaisants tomboient dans de riantes campagnes, sur de laborieux cultivateurs, avec ces mots :

Placidis ardoribus implet.

A ton aspect, astre suprême,
En nous se font sentir les plus douces ardeurs ;
On bénit ton pouvoir, on te révère, on t'aime,
Ton image enchante les cœurs.

« Dans un médaillon, sous les armes de Son Altesse Sérénissime Monseigneur le comte de Clermont, gouverneur de la province, étoit peint un chef d'abeilles qui conduit parmi les fleurs les abeilles pacifiques.

Gubernat amore.

Mon cœur s'honore chaque jour
Sous les yeux de la bienfaisance,
Je lui consacre ma puissance,
Et je gouverne par l'amour.

« Les armes de Son Excellence Monseigneur l'archevêque offroient au bas, dans un médaillon, plusieurs amours lançant des fusées volantes qui éclatoient en étoiles, par allusion aux armes de Son Excellence, dont l'écu, au lion de gueule, est semé d'étoiles d'argent sans nombre, et pour exprimer tout à la fois les sentiments d'amour que ce grand prélat inspire dans tous les cœurs.

Stellatis ignibus ardent.

Ces feux qui de la nuit percent les sombres voiles,
Des cœurs, la Roche Aymon, t'expriment les efforts;
    Pour toi, rivaux de l'éclat des étoiles,
De mille vœux, au ciel, ils portent les transports.

« Dans un cartouche, au bas des armes de la ville, on voyoit un jeune homme tournant le globe d'une machine électrique, à l'extrémité de laquelle étoient des génies touchant la barre de fer et recevant les écoulements du feu électrique, pour marquer le zèle qu'a communiqué aux chevaliers de l'Arquebuse l'exemple du Conseil de ville, avec ces paroles :

Vicinos calor infinitus urit.

Effet du pouvoir électrique,
En nous son feu transmis en un moment

Tout à la fois nous communique
Sa chaleur et son sentiment.

« Dans un autre médaillon, au-dessous des armes de l'Arquebuse, on voyoit un amour écrivant, sur un trophée d'armes, ces paroles :

In usum lætitiæ.

Nous ne répandons point l'horreur ni le carnage,
Votre bruit pacifique écarte les soupirs;
Nous ne consacrons notre usage
Qu'au retour de la paix, des jeux et des plaisirs.

« Cette disposition offroit une variété d'objets élégants par le nombre d'ornements, et flatteuse pour les regards par l'arrangement symétrique de l'illumination.

« Les chevaliers de l'Arquebuse ont cru devoir ouvrir la fête d'un si beau jour par d'immortelles actions de grâces envers le Dieu bienfaisant qui a fait descendre la paix sur la terre. La compagnie, en uniforme, s'est rendue dans l'église des religieux dominicains, où elle a fait chanter un *Te Deum* qui fut exécuté par la musique, au bruit des instruments et de plusieurs salves de mousqueterie.

« Vers les neuf heures du soir, M. Sutaine, lieutenant des habitants, et en cette qualité colonel-lieutenant de la compagnie des Arquebusiers, pour se rendre à leurs désirs, mit le feu à l'artifice au bruit de l'artillerie et des acclamations continuelles de : *Vive le Roy !!!*

« Le jeu de l'artifice, par une communication suivie de ses différentes parties, forma une espèce d'action de feu, unie, variée, intéressante et régulière ; cet accord sembloit figurer l'allégresse universelle qui s'annonçoit dans les cœurs des chevaliers, dont les sentiments retraçoient en quelque sorte dans ce moment cette politesse vraie, vive et galante que faisoient éclater dans de semblables fêtes ces braves chevaliers si vantés dans nos annales.

« La compagnie de Reims, par la bonne discipline et la prudence des chefs qui l'ont toujours commandée, s'est, dans tous les temps, distinguée par la décence de sa conduite et par le

nombre de ses succès, dans ces combats d'émulation qui rassemblent les chevaliers des provinces voisines. Reims a toujours vu les siens se
signaler et revenir de ces espèces de tournois
précédés des monuments flatteurs de leur adresse
et rentrer comme en triomphe dans ses murs,
couverts de gloire et d'honneur.

« Le spectacle que leur zèle vient de donner a
justifié leur réputation et leurs sentiments ; cet
appareil éclatant s'est terminé par une illumination que rendoient également frappante le
nombre et l'arrangement des lumières ; les ra-
fraîchissements de toute espèce, le son des instruments, les salves de mousqueterie, le bon
ordre, les acclamations ont fait dans cette cir-
constance une fête vive, joyeuse, décente et
honorable.

« (Les emblêmes, les devises et les inscriptions
sont de l'auteur du *Triomphe de la Paix.*) »

En 1773, la compagnie prêta son hôtel aux
officiers du régiment de Hainault, qui offrirent

un banquet et une fête, dans le jardin, à la du-
chesse de Luxembourg, femme de leur colonel.

Nous rapporterons encore cette chanson de
« Messieurs les chevaliers de l'Arquebuse de
Reims, » imprimée en 1775 chez Jeunehomme,
avec l'autorisation, donnée le 25 août par
M. Bergeat :

Air de leur nouvelle marche pour la fête du roi :

Enfants de Mars, voici le jour
De faire éclater notre amour. } *bis.*
Chantons Louis, sa bienfaisance,
Il est le père de la France ;
Montrons à notre tour
  Notre amour.

Louis nous aime, et par retour
Faisons éclater notre amour. } *bis.*
Si jamais jalouse puissance
Troubloit le bonheur de la France,
Nos cœurs, nos bras. grand roi,
  Sont à toi.

A MONSEIGNEUR DE BOURBON :

Auguste sang de notre roi,
Jaloux de répondre à ta voix, ⎱ bis.
Grand Bourbon, au sein de la gloire,
Nous volerons à la victoire ;
Sûrs de vaincre avec toi
  Sous ta loi.

A MESSIEURS LES ÉCHEVINS :

· O vous, garants de notre foi,
Avec nous fêtez notre roi : ⎱ bis.
Nous lui consacrons notre vie :
Soyez l'âme de la patrie,
Nous en serons les bras
  Aux combats.

Tout-à-fait à la veille de la Révolution, la
compagnie de Reims eut encore à subir la loi
du gouverneur général de la province. Le duc
de Bourbon avait provoqué l'élection comme
enseigne de M. Benoist d'Antieres, en remplace-
ment de M. Le Large, promu lieutenant ; mais
M. d'Antieres n'avait pas quinze ans révolus, ce

qui émut le Conseil de ville. Le duc lui en écrivit le 4 juin 1789, en faisant observer que le règlement ne prescrivait aucun âge, et qu'en conséquence, il confirmait l'élection, tout en consentant à ce que le jeune homme, jusqu'à ce qu'il eût ses quinze ans révolus, laissât porter le drapeau de la compagnie par un chevalier au choix de celle-ci. Le 7 juin, le Conseil s'assembla, reçut le serment de M. d'Antieres en présence de son père, et lui remit, sans plus de résistance, l'étendard.

Nous allons maintenant rapidement relever ici les diverses mentions relatives à nos Arquebusiers, éparses dans les volumes de conclusions du Conseil de ville de Reims, durant le XVIIIe siècle.

La Compagnie devait assister à toutes les cérémonies publiques. Nous la voyons, en effet, figurer à chaque fête : à la pose de la première pierre du grand autel de l'église des Cordeliers par l'archevêque, le 16 juillet 1721 ; au *Te*

Deum pour les couches de la reine, le 9 septembre 1727[1]; à l'inauguration de la machine à eau due à la générosité du chanoine Godinot, le 5 août 1747; à l'inauguration de la statue du roi, le 25 août 1765, où la compagnie parut forte de soixante-quinze chevaliers, avec quatre tambours et fifres; à la fête de la cinquantaine du règne de Louis XV, le 4 janvier 1775. La compagnie tenait essentiellement à cette prérogative. En 1744, elle prit vingt-deux fois les armes, neuf fois en 1745. Elle soumit, le 20 mai 1777, au Conseil, un projet de règlement pour son service à la procession de la Fête-Dieu, après avoir demandé au chapitre métropolitain cette faveur, « car ce que la compagnie a de tout temps eu de plus à cœur, c'est de faire preuve de son attachement et de son respect pour la

---

[1] La conclusion porte : « Ordre aux *trois* compagnies de l'Arquebuse de Reims. » Ce qui doit s'entendre sans doute de trois sections commandées par le capitaine, le lieutenant et l'enseigne.

religion, et de saisir toutes les occasions de faire
connaître de plus en plus son zèle pour tout ce
qui peut contribuer à rendre les cérémonies
augustes, précieuses ou même importantes. »
Quand on tirait un feu de joie, le lieutenant de
ville allait y mettre la torche dès que la compagnie de l'Arquebuse était en rang (23 octobre
1747).

La ville indemnisait la compagnie des frais
que ces nombreuses prises d'armes lui coû-
taient : le 22 août 1721, le Conseil municipal
alloua à l'Arquebuse 150 livres pour la fête de
la paix[1] ; le 8 mars 1723, pour le sacre, 150 liv.,
et 100 livres pour diverses prises d'armes ; le
25 février 1730, 210 livres pour dépenses de
poudre et dommages causés à l'hôtel par la
grêle du 4 juillet précédent ; le 7 mars 1740, il

---

[1] Le Conseil décida que cette somme serait employée
à des prix qu'on tirerait « le jour de la Réjouissance. »
Les chevaliers prétendirent que ceux d'entre eux qui
avaient assisté à la fête devraient participer seuls aux
prix ; le Conseil décida que tous y auraient part.

donna 150 livres pour les prises d'armes ; le 18
juillet 1746, 700 livres à cause de parades nombreuses de 1744 à 1745 ; le 19 août 1750, pour
six prises d'armes, 280 livres ; le 2 octobre 1752,
pour trois prises d'armes, 120 livres, autant le
15 mars 1762 ; le 26 septembre 1763, pour la
fête de la Paix, 150 livres, à employer dans
deux prix, dont les pantons devaient être placés
en souvenir dans l'une des salles de l'hôtel ;
le 7 octobre 1771, une somme de 300 livres,
également à convertir en prix pour indemniser
la compagnie du prêt de places dans leur hôtel
pour caserner des hussards ; de même encore la
compagnie reçut 360 livres le 5 août 1754, pour
les frais des voyages au tir général de Châlons.
Et cependant les finances de l'Arquebuse n'étaient
pas brillantes : le 21 mars 1729, on abattit les
arbres du jardin qui dépérissaient par leur âge ;
mais on eut soin d'en replanter d'autres ; le 4
novembre 1776, ils en vendirent encore afin de
couvrir les frais de nivellement et de travaux
pour l'écoulement des eaux entre le mur du

jardin et le rempart. Pour se procurer quelques revenus, la compagnie décida, les 15 juillet et 1er novembre 1744, que chacun de ses membres paierait 3 livres d'amende chaque fois qu'il manquerait au service sans cause, et, à la Quasimodo, une cotisation de 3 livres, sous peine d'une amende égale en cas de défaut. Le prince de Soubise approuva cette taxe le 2 avril 1746, et le Conseil de Ville décida que les sergents de la citadelle seraient chargés de poursuivre les défaillants (13 décembre 1751, 11 octobre 1762).

Ces mesures étaient insuffisantes ; la compagnie s'assembla de nouveau le 23 juin 1764 ; elle constata que les charges annuelles s'élevaient de 900 à 1,000 livres, auxquelles les fonds ordinaires ne pouvaient faire face ; que, pour éteindre les dettes, une taxe annuelle de 6 livres avait été établie depuis 1754, devant être continuée jusqu'à entière libération ; que, de plus, chaque démissionnaire aurait désormais à payer 24 livres d'issue au lieu de 6 ; qu'aucune démission ne serait même acceptée jusqu'à l'inauguration de la statue du roi. Elle demanda, en conséquence, au Conseil d'étendre les exemptions aux trésorier et connétables pour engager les gens de Reims à s'agréger à leur compagnie, et décider des chevaliers à occuper ces places. Le Conseil municipal accueillit en partie cette requête, et exempta ces officiers du logement des gens de guerre pendant qu'ils seraient en exercice.

Nous réunirons encore ici quelques indications sur la compagnie des Arquebusiers rémois.

Le lieutenant des habitants était colonel-né de la compagnie, privilége qui lui fut évidemment reconnu par les statuts originaires qui ont été perdus; les officiers prêtaient serment entre ses mains « d'exécuter les ordres des corps de ville; » en cas de contestation entre les officiers et les chevaliers, le jugement appartenait au lieutenant des habitants et au Conseil de ville; le lieutenant avait le droit « de convoquer la compagnie, de la présider, de proposer et conclure; » il la conduisait comme chef suprême le

jour du tir annuel et le jour de saint Antoine,
fête de l'association. Le capitaine royal ne pouvait commander aux arquebusiers qu'en cas de
péril extrême. Tels sont les termes exacts de
l'arrêt du Conseil d'Etat, rendu en 1694, pour
mettre fin aux contestations entre le capitaine
royal et le lieutenant des habitants. Le lieutenant des habitants recevait le serment du roi de
l'oiseau, touchant la loyauté de son tir[1].

Les officiers électifs étaient le capitaine en
chef, le capitaine-lieutenant et le capitaine-
enseigne, tous à vie ; il y avait ensuite le
sergent-major, le sergent, le trésorier, le secré-
taire ou greffier et le concierge de l'hôtel. Puis
les officiers par fait du tir : le roi, vainqueur
de l'année ; le connétable, vainqueur deux
années de suite, et l'empereur, trois années
consécutives. Le roi annuel prenait rang après
le capitaine, avant les deux autres officiers,
pendant six années.

[1] Avis précité de l'intendance, 7 juillet 1720.

Les officiers jouissaient des priviléges que nous avons déjà mentionnés ; en 1619, ils furent exempts d'une manière absolue de l'impôt du quatrième sur le vin ; mais ce privilége amena de tels abus qu'une conclusion municipale du 18 août 1628 réduisit l'exemption à 60 pièces pour le capitaine, 50 pour le lieutenant et 40 pour l'enseigne ; ce dernier y renonça le 28 avril 1746 au profit de l'école de dessin de la ville, à laquelle la compagnie eut désormais le droit de faire instruire gratuitement trois élèves par an. Le 12 avril 1748, l'intendant de Châlons accorda la franchise pour la vente du vin au chévalier qui devenait empereur : il n'y en eut qu'un, le sieur Henry, vainqueur de l'oiseau en 1742, 1743 et 1744 ; cette faveur lui permettait de ne payer aucun droit pour 30 pièces ; le Conseil de ville y consentit le 28 avril 1746, après une assez vive résistance.

La nomination des officiers avait lieu très-solennellement ; en voici un exemple :

Le 2 août 1686, la compagnie, au nombre de

plus de 180 chevaliers, s'assembla à l'hôtel, sous la présidence de M. Frizon, capitaine en chef; assistant au bureau : MM. E. Maupinot, roi; N. de la Salle, lieutenant; P. Auger et J. Carbon, connétables; J. la Poule et N. Savoye, sergents; P. Bachelier, N. Frizon, H. Fanart, J. Viscot, scrutateurs élus; J. de Perthes, greffier. M. Dorigny fut élu capitaine-enseigne à la place d'Adam Rozier, décédé. « Il jura de servir le roi et sa patrie; d'obéir à ses commandements et ordres de MM. les lieutenant, gens du Conseil et échevins de la ville; de garder et observer les statuts et ordonnances de la compagnie; de maintenir les chevaliers en paix, union et concorde; de tenir et exercer ladite charge en homme de bien et d'honneur; de payer et satisfaire à toutes les choses dues par sa charge, et dont elle est tenue, ainsi qu'ont fait les autres capitaines. » Après quoi le capitaine en chef mit M. Dorigny en possession de sa charge par la tradition effective du drapeau de la compagnie.

Le 6 août, le Conseil de ville approuva cette élection.

Depuis les fameux démêlés causés par le capitaine Lequeux, la compagnie demeura moins nombreuse : à dater de 1750 jusqu'à la Révolution, son effectif fut à peu près constamment de soixante chevaliers.

Le tir de l'année 1741 amena un assez grave incident : il eut lieu le 29 mai, et à quatre heures, les officiers arrêtèrent le tir en constatant que le jour n'était plus suffisant, et décidèrent que l'oiseau n'ayant pas été abattu, il fallait continuer le lendemain ; mais au moment où l'exercice allait recommencer, le 30 à neuf heures du matin, le lieutenant des habitants se présenta accompagné du procureur syndic et du greffier du Conseil, et du sieur Duchesne, chevalier de l'Arquebuse, lequel déclarait avoir touché l'oiseau la veille ; le procureur syndic requit, en présence de la compagnie, le serment du sieur Duchesne, jurant « avoir tiré de son arme et d'une seule balle, » après quoi remise lui fut faite de l'oiseau, « qui a paru être frappé à la cuisse. » (Conclusion du 30 mai 1741 [1].)

Enfin, nous trouvons encore un extrait du registre du greffe de la compagnie du noble jeu, du 26 juillet 1662, qui constate qu'elle fut choisie comme arbitre pour décider d'un différend entre les officiers et les chevaliers de l'Arquebuse de Compiègne [2].

Nous avons vu que les Arbalétriers de Brie, Champagne, Ile de France et Picardie avaient formé une association dès 1439, que les Arquebusiers l'observèrent et qu'ils la renouvelèrent

[1] Présents : Antoine Lequeux, capitaine-lieutenant ; Dometz, roy d'honneur ; J.-B. Moret, ancien roy ; J.-B. Duchâtel, trésorier-économe ; N. Lefèvre, connétable ; C. Cock, J.-B. Henry, sergents.

[2] Présents : Desain, roi ; N. Le Fricque, lieutenant ; P. Rogier, J. de la Viéville, connétable ; Dallier, syndic ; Bourgeois, Ravineau, Husson, Bignicourt, R. Frizon, élus dans la séance du 12 par la compagnie.

en 1680. En 1775, les compagnies crurent nécessaire de réviser cette organisation et de lui rendre une plus grande force en constituant un concordat. Les capitaines de quarante-six compagnies se réunirent, le 18 décembre, en la salle Saint-Michel du grand couvent des Cordeliers de Paris, sous la présidence du duc de Bourbon, gouverneur général de Champagne[1]. Le préambule du concordat rappelait les services rendus aux rois et au pays par les compagnies d'arbalétriers et d'arquebusiers, et demandait la continuation de la faveur du souverain. Il fut décidé qu'on n'admettrait plus que des bourgeois notables et aisés, à cause des dépenses indispensables que les réunions et les fêtes occasionnaient. On fixa l'effectif de chaque compagnie qui, pour Reims, fut maintenu à cinquante chevaliers : le chiffre total fut porté à 1680 hommes pour les trois provinces. De plus, on divisa les

---

[1] Voir le travail consacré par M. Sellier à la *Compagnie de l Arquebuse de Châlons*, in-8°, 1857.

compagnies en quatre bataillons dits de Brie, de Champagne, d'Ile-de-France et de Picardie, sous les ordres d'un lieutenant-colonel. Le bataillon de Champagne se composa de quatre subdivisions ; la seconde était formée des compagnies de Reims, Epernay et Rethel, sous le commandement de M. de la Goille de Montdejeux.

Nous avons dit que la compagnie rémoise assistait à toutes les cérémonies, aux réceptions royales, à l'entrée des archevêques, toujours en occupant le premier rang. Elle allait recevoir le roi à un quart de lieue hors de la ville, et elle se plaçait à pareille distance pour le saluer à son départ. Aux obsèques des lieutenants de ville, la compagnie assistait en armes, formant la tête du cortége avec ses officiers. Tous les chevaliers âgés de moins de cinquante ans portaient le mousquet ; ceux qui étaient plus âgés étaient dits anciens, et ne portaient que l'épée, comme nous l'avons vu par la contestation soulevée en 1718.

En 1707, les Arquebusiers firent frapper un jeton de cuivre portant d'un côté : un trophée d'armes entre lesquelles deux arquebuses en sautoir, avec ces mots : *Pro rege et patria ;* de l'autre, la figure de saint Antoine et cette légende : *Saint Antoine, patron de MM. les Arquebusiers de Reims.*

Ils avaient pour dicton, suivant l'usage adopté par toutes les compagnies : *Les Mangeurs de pain d'épice.* Au prix général, ils chantaient ainsi leur dicton :

> Autant les graves Rémois
> Sont mangeurs de pain d'épice,
> Autant ont-ils tout à la fois
> Et faim et soif de justice.

Et au prix général de Meaux :

> Vous qui criez avec malice :
> — Oh! les Mangeurs de pains d'épice !
> Venez, nous vous en offrirons.
> L'amour nous défend d'être chiches,
> Comme la gloire sur ces pantons
> Nous promet de nous faire riches.

Telle a été l'histoire des compagnies des nobles jeux de l'Arc, de l'Arbalète et de l'Arquebuse à Reims. De ces trois corporations, instituées originairement — les deux premières surtout — pour la défense du pays et de la royauté, et qui, par conséquent, ont largement contribué à sauvegarder les libertés et l'unité de la France, celle des archers n'a laissé presqu'aucun souvenir parmi nous; celle des arbalétriers s'est éteinte obscurément au commencement du XVIIIe siècle. Quant à celle des arquebusiers, elle a été emportée au milieu de la tourmente révolutionnaire. Après avoir noblement fait ses preuves au début de ce même siècle, et obtenu ce certificat de l'archevêque, déclarant[1] « que, lors de l'invasion des troupes de Growestein, au mois de juin 1712, quand la ville se vit gravement menacée, la compagnie de l'Arquebuse a occupé le poste le plus exposé, c'est-à-dire le faubourg Cérès; » elle eut l'heureuse fortune

[1] Du 10 novembre 1715.

de se signaler encore plus bravement au moment de disparaître. Quand, en 1790, toutes les compagnies de l'Arquebuse de la province s'unirent pour demander leur maintien à l'Assemblée nationale, celle de Reims présenta ce nouveau certificat[1] : « Une insurrection s'étant manifestée dans la ville de Reims le 11 mars 1789, la compagnie de l'Arquebuse a été la première armée pour en arrêter les progrès. Par ses soins actifs, elle a empêché le pillage du peu de grains réservés à l'alimentation publique, sauvé les têtes menacées, les maisons qu'on voulait incendier; la ville entière l'acclama et la maintint la première des compagnies de la garde nationale bourgeoise. »

[1] Mémoire imprimé, à la bibliothèque de Reims.

APPENDICE

APPENDICE

I

LETTRES DU PRINCE DE ROHAN

AU CONSEIL DE VILLE DE REIMS.

I.

Paris, 31 juillet 1715. — Il demande au Conseil de ville pour quelles raisons il veut retrancher aux chevaliers leurs priviléges, ce qu'ils ne peuvent encourir que s'ils se sont départis de l'exécution du règlement royal qui leur accorde pas et préséance sur la milice : veut être à même d'apprécier et de rendre compte au roi et prendre ses ordres.

II.

14 AOUT 1715. — Messieurs, je vois par votre répons
du neuvième de ce mois que vous avez soupçonné l:
Compagnie des Arquebuziers de vouloir se soustrair
et s'affranchir de l'autorité et du commandement de:
officiers du corps et du gouvernement de la ville ; j'a;
envoyé chercher les députés de cette Compagnie qu
m'ont fortement assuré le contraire et très-expressé
ment protesté que jamais aucun officier ny chevalie;
de cette Compagnie, au nombre de 500, et composé(
de tout ce qu'il y a de plus considérable dans la ville
n'a eu une pareille pensée, et que bien loin de là ils se
feront toujours honneur et plaisir, comme ils l'ont
toujours faist, de recevoir et d'exécuter vos ordres ; ce
qu'il y a lieu de croire d'autant plus sincère que le
règlement du roy vous rend cette Compagnie subordonnée et toujours si dépendante qu'elle ne scauroit
se mettre sous les armes ny s'assembler pour aucune
cérémonie publique qu'après en avoir reçu vos ordres,
excepté néantmoins pour leurs exercices qui leur de-
meurent toujours libres aux temps et à leurs heures
accoutumées, leurs prétentions n'étant que pour le

pas et la préséance sur la milice bourgeoise, conformément au règlement de Sa Majesté, dont je vous envoye un exemplaire avec mon attache pour le faire enregistrer à votre greffe afin que vous ne puissiez ignorer qu'il ne regarde purement que la milice bourgeoise et nullement, comme vous l'aviez cru, les officiers du corps et du gouvernement de la ville.

Je suis, etc.

Prince de ROHAN

Pour prévenir toutes les difficultés, il faut, Messieurs. puisque la Compagnie des Arquebusiers ne peut s'assembler pour les cérémonies publiques que par vos ordres, dès que vous faites tant que de l'assembler, ordonner que chaque chevalier de l'Arquebuse se rangera sous le drapeau de la Compagnie, et si elle n'est point assemblée, il se rangera sous le drapeau de la milice bourgeoise aux ordres de son capitaine.

III.

2 JANVIER 1716. — Messieurs, j'ai receu la lettre que vous avez pris la peine de m'écrire au sujet de l'ordonnance que j'ay renduc sur les différends que les

capitaines de la milice bourgeoise avoient aprehendé d'avoir avec la Compagnie des Arquebuziers, et où vous m'aviez paru craindre aussi de vous trouver intéressés pour l'ancien usage du cérémonial de votre gouvernement et pour l'authorité que vous avez toûjours eue sur les uns et sur les autres, et ce à l'occasion d'un règlement qu'il a plu au feu roy de faire entre la milice bourgeoise et les Arquebuziers de la province de Champagne, dont vous aviez prétendu que la milice bourgeoise de la ville de Reims devoit être exceptée, sous prétexte que les capitaines de la milice sont officiers du corps et du gouvernement de la ville ; et quoique, par votre lettre, vous cherchiez à vous former des griefs que vous n'avez pas receus pour hazarder des plaintes dont j'ay d'autant plus de raison d'être surpris, que vous en avez peu de les faire, puisque je n'y faist qu'asseurer et fixer pour une bonne fois l'état présent et actuel de toutes les parties, sans aucune novation, diminution ni augmentation qui peut donner le moindre sujet légitime aux unes plus qu'aux autres de se louer ny se plaindre, conformément à tout ce qu'elles m'avoient respectivement inspiré tant par leurs députés que par leurs mémoires. Je veux bien néantmoins répondre icy à tous vos prétendus griefs. Dez

que je me fus déterminé, et avant que de signer mon
ordonnance, ce que je n'ay certainement fait qu'après
beaucoup d'attention, de réflexions et de bon conseil,
et de l'avis même des personnes de considération qui
m'ont paru le plus dans vos intérêts, ayant veu que
vous n'y en aviez plus aucuns, au moyen de la déclaration que les Arquebuziers avoient faite dans leur
mémoire de n'avoir jamais eu l'intention ny la pensée
de se soustraire ny de se départir en aucune façon de
toute la soumission, dépendance et subordination qu'ils
ont toujours eus à l'authorité de votre gouvernement,
mais seulement de se conserver, uniquement à la faveur du dernier règlement du feu roy, les mêmes traitements que vous leur avez toujours accordés, et
qu'ainsi toute la contestation n'aurait pu regarder que
la milice bourgeoise et les Arquebuziers, j'ordonnay
qu'on luts aux députés communs l'exposé de leurs
raisons séparément et à chacun d'eux, ensuitte le dispositif de mon ordonnance, dont ils témoignèrent être
si contents qu'ils se retirèrent convaincus et persuadés
qu'elle leur étoit également favorable, et que ny l'un
ny l'autre n'avoient rien à y désirer de plus ; ainsi elle
leur a été mutuellement communiquée Il n'y a pas
un seul mot dont on puisse présumer que j'aye eu

seulement la pensée d'accorder aux Arquebuziers, ny de leur donner lieu de prétendre aucuns nouveaux droits ny priviléges sur tous lesquels je me suis uniquement renfermé dans la soumission et le respect que je dois à l'authorité souveraine qui les leur a attribués dans tous les temps, et par tous les différents titres qu'ils m'ont produit, contre lesquels il n'y a qu'une inscription de faux qui pust me faire penser qu'ils les tiennent de votre pure libéralité ; et c'est pourquoi j'ay ordonné qu'on en ajoutast les extraits au bas de mon ordonnance afin que vous puissiez les impugner et les contredire s'il y a lieu, parce que le faux ne peut jamais se couvrir. Les termes que vous dites vous exposér à une méprisante plaisanterie ont été copiés mot à mot dans votre mémoire, dans le même sens et le même esprit qui vous a obligé de les y mettre. Les vingt hommes de milice dont je vous ay laissé la faculté d'augmenter la Compagnie des Arquebuziers, pour la rendre plus nombreuse lorsque vous le jugeriez à propos, ne font que prouver toujours mieux l'exactitude avec laquelle je me suis apliqué à ne rien changer dans tous vos usages, y ayant seulement exigé qu'ils fussent convenables à la Compagnie pour prévenir à ce sujet toute occasion et tout prétexte de

différend et de trouble, et il est impossible de donner
jamais un autre sens à cette disposition. Et ce qui vous
doit également marquer mon attention sur tous les
termes qui pouvoient contribuer à l'union commune,
c'est que, bien qu'il ne me soit pas permis de donner
la moindre atteinte à tous les titres authentiques et
souverains qui accordent partout la préséance aux
Arquebuziers sur la milice bourgeoise ; il ne m'est pas
néantmoins échapé un seul mot de préséance dans tout
mon dispositif pour ne pas donner lieu ny prétexte de
rien inover sur tous vos usages et vous laisser toujours la liberté de les commander et placer comme
vous avez acoutumé et dans les mêmes postes ; que,
par la même raison, j'ay cru devoir rapeller et expli-
quer pour y prévenir tout sujet de prétention nouvelle
et toute occasion de difficulté, parce que les termes
généraux sont toujours susceptibles de quelque exten-
sion ou interprétation équivoque. La faculté que j'ay
laissé aux Arquebuziers de suivre à leur choix le drapeau de leur Compagnie ou celui de la milice, lorsque
les deux corps seront commandés ensemble, ne peut
jamais avoir d'autre motif que celui de l'union commune pour prévénir toujours et en tout toutes sortes
de prétextes, de difficultés et de disputes, et ne peut

jamais être détourné dans le sens que vous y donnez, de quelque façon que cela puisse être, puisque les Arquebuziers n'ont jamais songé à refuser de se rendre et de servir sous le drapeau de la milice lorsqu'elle est commandée seule à l'exclusion de leur Compagnie ; et à l'égard des vins et poudres que vous leur faites distribuer lorsque vous les commandez pour vos cérémonies (*sic*) publiques, je n'en ai parlé que pour vous maintenir, vous, dans vos anciens usages et fixer les protestations que vos députés m'ont faites de ne demander qu'à vivre avec les Arquebuziers, comme vous avez toujours vécus, afin d'écarter toute matière de contestation sous prétexte du refus des mêmes gratifications que vous leur avez accoutumées, mon objet principal étant d'asseurer une paix ferme et durable, et de ne laisser de part ny d'autre aucun sujet ny prétexte de la troubler ; ce qui me paraît un bien et un advantage incomparablement au-dessus d'un si petit intérest, assez compensé d'ailleurs par l'honneur et la décoration que cette Compagnie fait dans vos cérémonies publiques et par la joye et l'empressement dont elle s'efforce de mériter l'honneur que vous lui faites d'assister à leurs festins, ce qui ne vous doit pas laisser le moindre regret à une libéralité si louable, si

dignement reconnue et si honorablement et raisonna-
blement établie ; que, persuadé comme je le suis que
cette Compagnie est aussi incapable d'en abuser que
de le prétendre à titre de droit, je ne puis m'empêcher
de vous exhorter de le lui continuer toujours de même
et de le redoubler même à la première occasion, afin
d'y célébrer plus solennellement une réconciliation
commune et parfaite, et y cimenter pour l'avenir, de
meilleur cœur et de bonne foi, une paix solide et sincère.

Je suis, etc.

Prince de ROHAN.

IV.

12 JANVIER 1717. — Messieurs, je suis persuadé que
vous avez cru de faire pour le mieux de m'envoyer de
l'année 1715 ; mais, comme ma table n'est point dans le
gout du vin vieux et qu'il me serait inutile, je vous
prie de vouloir bien donner ordre de retirer celuy que
mon maistre d'hôtel avait déjà refusé et qu'il n'a
receu qu'en attendant qu'on vint le reprendre, et

de vouloir bien m'en envoyer du nouveau qu'on puisse tirer en bouteille avant le mois de mars, afin qu'il puisse avoir cette légèreté et cette mousse qui en fait presque tout le prix et tout l'agrément. Je ne doute pas que vous ne soyez fort aise de me faire un présent dont je puisse avoir de la satisfaction, comme je vous assure que je le serai toujours parfaitement, et vous témoigne le zèle et la reconnaissance avec laquelle, etc.

Prince de ROHAN.

II

AFFAIRE DU CAPITAINE LEQUEUX.

Depuis le commencement de l'impression de ce livre, interrompue par les événements malheureux qui, depuis deux ans, ont accablé la France, nous avons retrouvé à la bibliotèque de Reims quelques documents fournissant des détails plus curieux sur cet incident, qui occupa si vivement la ville de Reims pendant plusieurs années.

M. Lequeux était un ancien mousquetaire du roi, et appartenait depuis longtemps à la Compagnie, dont il avait parcouru tous les grades. quand il fut choisi comme capitaine en chef par le prince de Rohan. D'un caractère violent et emporté, il avait mécontenté un grand nombre de ses confrères et encouru la peine la plus grave, l'exclusion de son grade d'enseigne. à la suite d'une plainte de toute la Compagnie, formulée par le Conseil de ville. « Le 11 septembre 1718 il avait bu au repas de l'Arquebuse jusqu'à sept bouteilles, exaspéré les plus sages et les plus retenus par différents jeux de mains, et entr'autres les piquant avec des épingles jusques au sang, avait, proférant une infinité de discours d'une saleté, obscénité et dissolution des plus scandaleuses, tant pour les officiers ou particuliers que contre la Compagnie en général, s'en serait enfin pris au sieur Coquebert, capitaine en chef, qu'il aurait provoqué et attiré dans une chambre particulière où il l'aurait forcé de mettre l'épée à la main pour défendre sa vie au péril de celle de l'un ou de l'autre, ou même de tous les deux s'ils n'avaient été séparés, et aurait porté si loin ses emportements que, malgré tous les efforts que l'on fit pour le retenir, il mit encore une fois l'épée à la main dans le jardin contre le sieur Coquebert, et mit toute l'assemblée en trouble et en désordre, ce qui nous paraît mériter une punition exemplaire. » Le prince de Rohan prononça l'exclusion de M. Lequeux le 29 décembre 1718, et un peu plus d'un an après, il le choisissait pour capitaine en chef, sous prétexte qu'ayant été élu lieutenant dans l'année 1719, il avait été réhabilité, et que dès lors on ne devait rien changer à l'usage constant qui avait été toujours observé, que le grade supérieur serait donné à l'officier pourvu du grade immédiatement inférieur. Le prince écrivait en même temps cette lettre au Conseil de vIile : « Je vois deux partis opposés au sujet de la nomination du sieur Lequeux à la place laissée vacante par feu le sieur Favart, et comme je ne puis les décider par moi-même, n'en ayant aucune connaissance, je ne crois pas pouvoir mieux faire que de m'adresser à vous (1) et au Conseil, et vous renvoyer cette nomination pour que vous la fassiez à votre honneur et conscience, en sorte que s'il n'y a pas d'exclusion formelle contre le sieur Lequeux, il soit nommé selon les usages de la Compagnie, qui veulent que de droit le lieutenant succède au capitaine, ainsi qu'il a paru par plusieurs délibérations de la Compagnie auxquelles je ne prétends rien innover, mais seulement les faire observer en connaissance de cause.

Le lieutenant de ville, — alors M. Dorigny — fut prié d'assembler sans retard la Compagnie de l'Arc, ce qui eut lieu le lendemain 1er juin. On y comptait deux cents chevaliers. Doré, ancien roi, et Forest, ancien sergent, y présentèrent un mémoire protestant contre

______

(1) Elle est adressée au lieutenant des habitants, à la fois président du Conseil de ville et colonel-né de la Compagnie de l'Arc. — Séance du Conseil, 31 mai 1720.

le choix du nouveau capitaine en chef. M. Dorigny le prit et, se retirant avec les membres du Conseil dans leur salle ordinaire, l'examina et déclara l'accepter s'il était approuvé par le plus grand nombre de chevaliers présents. On rentra alors dans la grande salle, où Doré ayant affirmé que la majorité l'approuvait, un vote constata la véracité de son assertion. Le Conseil fit alors donner lecture du mémoire, qui s'appuyait, beaucoup trop longuement pour trouver place ici, sur trois chefs d'accusation : 1° l'exclusion du grade d'enseigne prononcée contre Lequeux en 1718, comme nous l'avons déjà énoncé ; 2° la continuation de ses violences, emportements, jurements du nom de Dieu, etc. ; 3° insultes graves contre le roi du prix de 1719 (1). Les assistants, en grand nombre, demandèrent à signer cette pièce en entendant les réclamations portées contre elle par les amis du capitaine en chef. M. Dorigny décida alors le choix de quatre députés élus par chaque parti, lesquels passèrent avec les représentants de la municipalité dans la chambre du Conseil et décidèrent

(1) Il aurait notamment dit à son laquais de garder un morceau de ruban aux couleurs du nouveau roi, pour nouer à la queue de son cheval.

que le mémoire serait communiqué au sieur Lequeux,
avec un délai de trois jours pour y répondre.

Deux réunions eurent lieu sans amener aucun
résultat. Enfin le parti opposé au capitaine l'emporta
et, le 7 juin. le Conseil de ville décida qu'on rédigerait
un procès-verbal longuement détaillé de tout ce qui
s'était dit et passé dans les assemblées précédentes, en
concluant en ces termes : « Ainsi le Conseil, voyant
que d'un côté la règle et l'usage de cette Compagnie
semble appeler le sieur Lequeux à la première place,
en laquelle de tout temps le capitaine-lieutenant a
été élevé au décès du capitaine en chef, sans qu'il y ait
exemple du contraire; et que, d'un autre côté, le mécontentement qu'il a donné à cette Compagnie avant
sa dernière promotion, et que l'on prétend avoir
continué depuis (ce qui n'est pourtant pas assez éclairci)
doit causer la désertion des trois quarts et plus de ceux
qui font le service et qui sont le mieux disposés à celui
que Son Altesse attend de cette Compagnie dans les
mouvements et les honneurs du sacre, la supplions d'y
pourvoir comme sa prudence l'en avisera. » Le 15 juin.
le prince de Rohan répond au Lieutenant des habitants,
en approuvant sa conduite et lui prescrivant de faire
dresser sans retard la liste des chevaliers à expulser,

17

qu'il homologuera, — et qui n'était autre que celle arrêtée par lui-même le 6 février précédent. — Il termine en ordonnant après cela une nouvelle élection : « et si ce parti ne réussit pas à l'union que je prétends par là rétablir dans la Compagnie, vous pouvez l'assurer que je la feray casser. » Le Conseil de ville entendit, le 17 juin, lecture de cette lettre peu conciliante, que nous avons donnée précédemment (1).

N'ayant rien pu obtenir qu'une réponse immédiate et contraire à la précédente communication, M. Rolland convoqua le 28 les chevaliers de l'Arc en leur jardin, et leur fit la politesse inusitée de s'y transporter pour leur lire la nouvelle lettre du gouverneur général, en les priant de faire cesser toute dissension entre eux, en annonçant qu'en cas contraire il se verrait obligé de lever immédiatement la séance. Les chevaliers lui témoignèrent beaucoup de reconnaissance pour l'honneur qu'il leur faisait, mais il dut se retirer sans rien gagner et en annonçant qu'il rendrait compte de l'insuccès de sa démarche. Il fallut céder à la fin. Thierry-Lefranc, roi, proposa de faire prêter serment à

(1) Assistaient à la séance où fut arrêtée cette lettre, MM. Roland, Godinot, Senechal, Sutaine, Aubert, Bachelier, Clicquot, du Say, de La Loge, Amé de Beaugillet, Hachette, Chéon, Ledoux et Lefranc.

M. Lequeux, comme lieutenant, en exécution de son
élection du 8 novembre 1719, formalité qui n'avait pas
encore eu lieu, et à laquelle le Lieutenant des habitants
consentit le 10 août. Immédiatement après, il donna
lecture d'une nouvelle dépêche du prince de Rohan,
laquelle ne laissait plus aucun moyen de résistance :
« Comme j'ay examiné avec soin les mémoires qui
m'ont été envoyés, et que je n'ay jugé qu'après une
entière connaissance de cause, je ne pourrois attribuer
les oppositions qu'on voudroit former qu'à une animosité qui ne pourrait que beaucoup me déplaire. La
soumission respectueuse que la ville a pour mes ordres
me persuade que je verray enfin la Compagnie reprendre
son ancien calme, et par là mériter que je lui accorde
ma protection (1). »

Le Conseil admit sans discussion M. Lequeux, et un
procès-verbal conforme fut rédigé. Le 12, il vint prêter
serment entre les mains du lieutenant des habitants (2).

(1) Datée du 3 août 1720.

(2) Par ce serment, M. Lequeux promit « fidélité au roi et à la
ville, d'obéir en ce qui lui sera, par nous lieutenant d'icelle et nos
successeurs, ordonné pour la garde et défense de la ville et autres
affaires qui pourraient survenir, même d'exécuter et faire exécuter
les conclusions du Conseil et ordres d'iceluy. »

et le 28, les nouveaux officiers, élus en exécution des ordres du prince de Rohan, M. Frizon, comme lieutenant, M. Coquebert, comme enseigne, remplirent la même formalité.

M. Lequeux, on l'a vu, continua ses taquineries. Le 29 mai 1721, une conclusion nous apprend qu'il fallut le sommer de rendre ses comptes à M. Pierret, trésorier de la Compagnie, et qu'il venait de lui refuser. Quand il obtint le fameux billet, du prince de Rohan ordonnant la radiation de la délibération prise contre le capitaine, ce fut celui-ci qui le porta lui-même au Conseil de ville ; ses membres s'exécutèrent sans mot dire, mais en le bâtonnant de quelques rares râtures qui permettent de le lire sans aucune difficulté. Enfin, nous avons dit que M. Lequeux souleva encore un incident en 1723, contre le Lieutenant des habitants. Nous y ajouterons quelques détails.

Le Lieutenant des habitants — c'était alors M. Rolland, président-trésorier de France au bureau des finances de Champagne — se rendit au jardin de l'Arquebuse ; mais le roi, Jean Charlot, refusa de prêter le serment par l'ordre de M. Lequeux, qui prétendit, en qualité de Lieutenant de roi, y avoir seul qualité. M. Rolland lui représenta « avec la modération de

notre caractère » que ce serment est un acte de notre
juridiction populaire... Il répondit aigrement que le
roi l'avait établi au-dessus, que c'était à lui de primer.
On se sépara naturellement fort mal, et le jour même,
le Conseil de ville s'assembla pour rédiger sa protes-
tation. M. Lequeux, cette fois, avait été trop loin :
le subdélégué de l'Intendance décida, le 7 juillet, que
le serment appartenait exclusivement au Lieutenant des
habitants, ce que l'Intendant approuva. Mais en même
temps, il émettait l'avis de mettre le sieur Charlot en
possession de ses priviléges. Nouvelle conclusion du
Conseil, du 26 juillet, déclarant Charlot incapable de se
prévaloir du titre de roi annuel de l'Oiseau. Cette
difficulté s'aplanit cependant, car nous voyons, le
27 Juin 1724, le Lieutenant de ville délivrer le prix à
Simon Dumont, en présence de Jules Charlot, dénommé
ancien roi dans le procès-verbal. Le 30 mai précédent, un
arrêt du Conseil avait supprimé l'office de Lieutenant
de roi à Reims. Depuis ce moment, on n'entendit plus
parler de Lequeux, qui eut bientôt pour successeur un
homme des plus honorables de Reims, M. Frizon,
écuyer seigneur de Beaumont.

III.

CONCLUSION DE VILLE

CONTRE M. LEQUEUX.

« Le Conseil de l'hôtel de ville, ayant été convoqué à
la demi-mai 1720 par M. le lieutenant, M. le procureur-
syndic présent, lecture aurait été faite d'une lettre de
Son Altesse, portant ses ordres sur la promotion du
sieur Lequeux à la charge de capitaine en chef, et d'y
procéder selon les usages et règlements de cette Compagnie, s'il n'y avait exclusion formelle et principale du
sieur Lequeux. Sur quoi le Conseil, après avoir reçu
avec respect les ordres de Son Altesse, délibère qu'il
en serait fait part à ladite Compagnie et que les chevaliers de l'un et de l'autre parti seraient mandés le

lendemain en la salle de l'hôtel de ville, pour être entendus sur les raisons que les uns et les autres avaient de s'opposer et de provoquer ladite promotion : ce qui avait été fait le 1er juin ; que lesdits chevaliers se seraient rendus au nombre de 200 et environ dans ladite salle, où le Conseil serait entré, où ayant d'abord averti les deux partis de se séparer en deux différents cantons de la salle pour éviter la confusion qui naissait de leur mêlée, il aurait observé que plus de 160 chevaliers se seraient rangés dans celui des opposants, et le reste, en petit nombre, dans celui dudit sieur Lequeux ; la plupart desquels étaient des chevaliers n'exerçant et ne fréquentant pas le jardin ; et, après avoir entendu verbalement les uns et les autres, le Conseil se serait retiré dans la chambre délibérative, et il aurait été délibéré de donner communication au parti du sieur Lequeux du mémoire des opposants pour y répondre, et d'entendre sur ledit mémoire les personnes qui pourraient en connaître les faits, avec distinction de ceux qui ont précédé la promotion à la charge de lieutenant en conséquence du brevet qu'il avait obtenu de Son Altesse, le   1719, les faits postérieurs à ladite promotion, et que le Conseil, ayant résolu de persister dans l'audition des personnes présentées par les opposants le jeudi 6 juin, il en reconnut que les oppositions et les déclarations desdites personnes chargeaient le sieur Lequeux :

» En premier lieu, d'avoir été noté, privé de son office de capitaine-enseigne, et exclu de la Compagnie par un ordre de Son Altesse ; sur informations et procédure faites contre lui en 1718, pour violences, excès et insultes outrageants par lui commis dans le jardin des Arquebusiers, en la personne du sieur Coquebert, capitaine en chef, et de plusieurs chevaliers.

» 2° D'avoir continué depuis de s'emporter contre les chevaliers par jurements, blasphèmes du saint nom. de Dieu, injures sales et atroces, en menaçant de les chasser à coups de bâton, et de détruire le jardin, et d'y entretenir la désunion.

» D'avoir insulté et méprisé toute la Compagnie, le jour de la fête du jardin, au mois d'août 1715, en recevant sa livrée qu'il a coupée et attachée avec une obscène dérision aux boutonnières de sa brayette, ordonnant à son valet d'en garder pour les lier la queue de son cheval.

» Tous lesquels procédés ont paru avoir aigri la Compagnie et motivé l'opposition ; sur quoi, le Conseil ayant jugé à propos de se faire apporter les informations de 1718 par le sieur Hubert, l'un des chevaliers, qui les avait rédigées comme greffier ; comme il aurait refusé de satisfaire à ses ordres, le Conseil, par prudence, n'a pas jugé à propos de le presser jusqu'aux contraintes, parce que d'ailleurs le cas étant notoire, il était inutile de chercher des renseignements.

» Après quoi, le Conseil ayant mûrement délibéré sur les différents motifs de l'exclusion réclamée par les opposants, reconnaît :

1° Que l'ordonnance de 1718 et tout ce qui a précédé le brevet de la promotion du sieur Lequeux à la charge de lieutenant ne vient plus à considérer comme des causes d'exclusion, pour ce que le brevet de Son Altesse a relevé cet officier de la note qui l'avoit flétry par l'ordonnance de 1718, et que les reliefs militaires lavent si absolument ceux qui sont dans le service, qu'on ne peut plus leur en faire ny crime, ny reproche, ny cas d'indignité, et que les chevaliers opposans le peuvent d'autant moins qu'eux - mêmes, adhérants au brevet de Son Altesse, l'ont élevé et nommé de la charge de capitaine-enseigne à celle de capitaine-lieutenant, en sorte que ledit officier qui avoit esté atteint d'une espèce de dégradation a esté réhabilité et par la puissance qui l'avoit flétry. et par les chevaliers qui ont adhéré à sa réhabilitation.

2° Que quant aux autres cas postérieurs à cette amnistie, il n'a pas esté possible par les déclarations des témoins de les bien démesler, et quoyque de la part des opposans il y ait une affirmative constante et unanime que le sieur Lequeux a persévéré dans ses habitudes de jeu prohibé dans le jardin, blasphèmes et reniement, emportement, menasses et mépris aux chevaliers ; néantmoins, quand on les a pressés d'éclaircir les faits, ils ont observé que depuis sa promotion à la lieutenance, dont il n'a presté aucun serment au Conseil de ville, il avoit paru très-peu au jardin et qu'il avoit presque toujours été absent, mais que le peu qu'il avoit toujours paru, il avoit continué les mêmes procédés contre les officiers et les chevaliers, qui auroient conservé leur indisposition et leur soulèvement contre lui, soulèvement qui a paru au Conseil s'estre considérablement augmenté et eschauffé par la réforme dans laquelle plusieurs des plus assidus aux exercices et aux monstres ont été compris dans une parfaite connaissance de cause ; ce qui a poussé si loin le mécontentement de ceux qui restent que plus de 160, parmi lesquels se trouvent tous ceux qui font tout le service, ont protesté au Conseil que si le Sr Lequeux estoit élevé à la première place, ils renonçaient tous à la Co.npagnie.

» Aussi, le Conseil, voyant que d'un côté les règles et l'usage, etc. (1). Le Conseil de ville transmit ce procès-verbal au prince de Rohan avec la lettre suivante :

« Monseigneur, nous avons trouvé tant de feu et d'indisposition dans les esprits qui traversent la promotion du sieur Lequeux, que nous avons cru devoir avant toutes choses faire part à Votre Altesse des éclaircissements qu'elle trouvera dans le procès-verbal que nous avons l'honneur de luy envoyer. Il ne nous a pas été possible de concilier les deux partis par aucun adoucissement ou expédiens que nous leur avons proposés. C'est ce qui nous a déterminés, en éclaircissant Votre Altesse sur les faits dont elle n'avoit pas une parfaite connaissauce, d'attendre ses derniers ordres sur cette affaire. Elle nous est d'autant plus importante et fâcheuse qu'il y va de déshonorer le sieur Lequeux s'il est exclu, ou s'il ne l'est pas, d'anéantir une Compagnie que Votre Altesse affectionne et que nous avons intérêt de conserver, son service estant toujours

_____

(1) Nous avons donné plus haut cette conclusion.

agréable au public quand elle observe une bonne
discipline. Nous nous servirons pour y parvenir de
l'honneur que vous nous faites de nous confier le soin
de la réforme, n'usant de ce droit que pour y rétablir
la concorde et la subordination, si nécessaires pour la
remettre dans son ancien lustre. Nous avons l'honneur
d'estre avec une parfaite soumission, etc.

» Signé : DORIGNY, CALLON, SUTAINE,
» AUBERT. »

LISTE DES OFFICIERS DE LA COMPAGNIE

AU DIX-HUITIÈME SIÈCLE.

CAPITAINES : MM. Maillefer.

    Coquebert, 1718.

    Favart, mort en 1720.

    Lequeux, 1720.

    Gérard-Coquebert, 1726

    Frizon de Beaumont, 1726, mort 1767.

    De la Goille de Courtagnon, 1767-90.

LIEUTENANTS : MM. Thierry Lequeux, 1719.

    Frizon de Beaumont, 1720.

    H. Amé, 1726.

    A. Lequeux, 1736.

    De la Goille de Montdejeux, 1741.

    Jobart, 1767.

    Le Large, 1789-1790.

ENSEIGNES : MM. H. de La Motte.

Favart.

Frizon de Beaumont.

Coquebert.

Oudinet.

J.-J.-N. Coquebert.

De la Goille de Montdejeux.

Jobart.

Du Jardin de Courcelles, 1767, mort

en 1777.

R. Lelarge.

Benoît d'Antières. 1785-1790.

TABLE DES MATIÈRES.

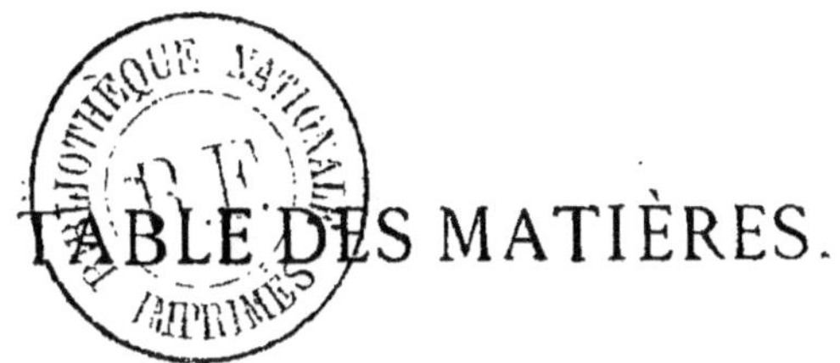